来 | 华 | 短 | 期 | 汉 | 语 | 进 | 修 | 教 | 材

速通汉语

Expressway to Chinese

许金生 胡文华 吴中伟 主编

纪晓静 编著

初级

2

北京语言大学出版社
BEIJING LANGUAGE AND CULTURE UNIVERSITY PRESS

图书在版编目（CIP）数据

速通汉语．2／许金生，胡文华，吴中伟主编；纪晓静编著．-- 北京：北京语言大学出版社，2019.6
ISBN 978-7-5619-2604-8

Ⅰ．①速⋯ Ⅱ．①许⋯ ②胡⋯ ③吴⋯ ④纪⋯ Ⅲ．①汉语－对外汉语教学－教材 Ⅳ．① H195.4

中国版本图书馆 CIP 数据核字（2019）第 100097 号

速通汉语 2

SUTONG HANYU 2

排版制作：北京创艺涵文化发展有限公司
责任编辑：唐琪佳　李　凯　　英文翻译：纪晓静
英文编辑：侯晓娟　　插图绘制：李慧麟
责任印制：周　燚

出版发行：北京语言大学出版社
社　　址：北京市海淀区学院路 15 号，100083
网　　址：www.blcup.com
电子信箱：service@blcup.com
电　　话：编辑部　8610-82303647/3592/3395
国内发行　8610-82303650/3591/3648
海外发行　8610-82303365/3080/3668
北语书店　8610-82303653
网购咨询　8610-82303908
印　　刷：北京中科印刷有限公司

版　　次：2019 年 6 月第 1 版　　印　　次：2019 年 6 月第 1 次印刷
开　　本：880 毫米 × 1230 毫米　1/16　　印　　张：9.5
字　　数：177 千字　　定　　价：48.00 元

PRINTED IN CHINA

编写说明

汉语进修教学，可分为强化型和普及型两种，本教材为普及型汉语进修教材。本教材主要面向来华短期进修教学项目，也适用于国内外其他各类普及型汉语进修教学项目。教材的初、中、高三级既相互衔接，又具有一定的独立性，可根据需要单独使用；学习者可从头学起，也可以从其中某一册学起。

普及型短期进修教学的主要特点是：教学周期相对较短，学习者课外学习时间有限，学习者的学习动机和学习需求差异较大。本教材遵循汉语作为第二语言教学的教材编写基本原则以及汉语教材编写的发展趋势，针对普及型短期进修教学的上述特点，在编写中着力体现以下特点：

1. 以任务为载体，兼顾结构、功能、文化。

结构、功能、文化相结合，是汉语作为第二语言教学遵循的基本原则。结构、功能、文化相结合的载体，就是任务，即交际活动。本教材按照从输入型任务到输出型任务的顺序，通过任务活动促进语言的输入和输出，完成相应的教学目标。

在语言点的安排上，本教材尽量照顾到语法结构教学的系统性。在语境设计上，注意贴近学生生活，突出实用性。在内容主题的选择上，密切反映中国当代社会特点，体现时代气息。在文化因素的处理上，兼顾世界文化的共通性和中国传统文化的独特性。

2. 听说为主，精泛结合。

总的来说，本教材属于综合教材，以发展学习者的汉语综合运用能力为目标。但考虑到短期进修教学的特点，在技能培养上以听说为主，兼顾读写。初级阶段 1 ～ 4 册的所有教学内容，均为汉字和拼音对照形式，以适应部分学习者技能发展不平衡的情况，以及不同学习者对技能发展的不同需求。使用者可根据实际情况对读写技能培养确定相应的教学目标。

在中高级阶段，本教材在设计上体现精泛结合的思路，特别是高级阶段，对于聆听和阅读任务中的词语和结构，不要求全部掌握，为学习者的自主学习留出足够空间；同时，在完成理解性和表达性任务过程中，注意学习策略的培养。

3. 注重课堂教学的操作性。

教材编写的过程化，是教材编写的发展趋势。所谓过程化，就是通过练习和活动设计逐步推进教学目标的实现，使教材的内部结构与实际课堂教学的过程基本一致，这样有助于更好地实现教材的设计理念和设计目标，也减轻了教师在教学设计上的压力。当然，学习者的特点千差万别，有经验的教师完全可以根据具体情况对教材中的设计安排进行灵活调整。

4. 在难度和容量上保持足够的适用空间。

短期进修教学，教学周期相对较短，或为 1 ～ 2 周，或为 1 ～ 2 个月；另外，中国国内各大学的短期班一般是每天 3 ～ 4 课时完成 1 课的教学任务。因此，我们把每册容量定为 10 课，如果每天 1 课，每周 5 天，则可供 2 周学完。每课主要内容的设计课时为 3 课时，但每课均配有"延伸活动（或拓展练习）"，可供第 4 课时使用。这样的设计，便于不同教学周期、不同课时量的教学项目灵活选用。

另外，本教材虽然跨越初、中、高三个等级，但限于容量，不可能出齐各级全部词汇和语言点，为了保证与各册总体难度等级相适应，初级阶段该出而未出的部分词语和个别语言点，在中级阶段不再作为生词和新的语言点处理，高级阶段则根据精泛结合的原则，仅对本阶段重点词语、重点格式进行处理。

本教材共 12 册。难度与 HSK 等级的大致对应关系为（容量上不完全覆盖各级内容）：

<table>
<tr><td rowspan="2">本教材</td><td colspan="2">初级</td><td colspan="2">中级</td><td colspan="2">高级</td></tr>
<tr><td>1、2 册</td><td>3、4 册</td><td>5、6 册</td><td>7、8 册</td><td>9、10 册</td><td>11、12 册</td></tr>
<tr><td>HSK
相应水平</td><td colspan="2">1 ～ 3 级</td><td colspan="2">4 级</td><td colspan="2">5 级</td></tr>
</table>

教材由三位主编合作主持编写工作，具体分工如下：

许金生，负责初级 1 ～ 4 册；

胡文华，负责中级 5 ～ 8 册；

吴中伟，负责高级 9 ～ 12 册。

本教材出版前已在复旦大学国际文化交流学院暑期班试用，并根据试用反馈进行了修改，但肯定还存在许多疏漏、不足之处，敬请各位同行、老师批评指正！

编者

2019 年 3 月

本册使用说明

本书为《速通汉语》第二册，与本系列教材的第一册相衔接，学习者应该已经掌握汉语拼音和200个左右的汉语词汇，具备一些简单的汉语语法知识。

本册教材共10课，若每天3～4课时，可在2周内完成。以下具体说明教材内容及使用建议。

总体安排

本册教材适用于初级阶段综合课教学，重点培养学生的听说技能和口头交际能力，兼顾读写技能。

教材编写理念主要体现为以任务和活动为载体，重视交际互动，通过由易到难的活动设计不断推进教学目标的实现。教学活动的编排按照从输入型任务到输出型任务的顺序，每一课语言点教学后都设有后续跟进的交际练习活动，旨在通过一系列由控制性交际活动、半控制性交际活动，到自由输出性交际活动的设计，逐步推进教学目标的实现，以使学生全方位、多角度、充分熟悉当课语言点及常见的使用搭配，并在不断的交际互动中逐渐获得使用简单的语言进行基本交际会话的能力。

建议教师完全根据教材编排的顺序，即“热身→词语→语言点→课文→活动→拓展练习”组织教学，也可按照具体情况灵活微调。现对各环节板块说明如下：

1. 热身

“热身”为每一课教学的引入部分，教师可用10分钟左右的时间，通过师生之间或学生之间问答的形式引导学生复习旧知识，唤起对新知识的学习动机，自然过渡到新课的学习。

2. 词语

每课生词为20个左右，建议使用20分钟左右时间进行教学。教师可先领读生词，然后按顺序讲解生词，对于重点生词应通过形式多样的互动方式引出词语的典型用法，并带领学生操练，最后给学生5分钟时间完成生词填空练习，教师扼要讲评。

3. 语言点

每一个语言点都设计在有意义的对话中，使学生在具体的语境中感知语言点的意义，并通过大量的例子加深其认知。教师可通过领读例句引导学生关注语言形式并理解其意义，在此基础上归纳语言点功能及形式，继而进入后续的“活动”环节。学生两人一组活动，教师巡视并随时指导。小组练习后，教师可请不同小组的成员具体展示并给予反馈。学生通过从控制式到半控制式的任务活动，在具体语境下尝试实践新的语言点，循序渐进，从懂到会，真正学会在交际中正确使用语言点。该模块建议 30 分钟左右完成。

4. 课文

课文教学板块包括两篇对话，每篇对话前都配有听力练习。课文内容由浅入深，以提供更多词语及语言点的复现机会。在学习课文前，先以听力练习的形式引入，意在激起学生的学习积极性和挑战性，同时进一步巩固新学词语与语言点。需注意的是，做此练习时学生不得看课文，教师应在学生充分理解问题的基础上再播放录音。一般情况下建议听两遍，听第一遍时可放慢播放速度。在核对答案后，教师可以领读或让学生跟读录音、分角色朗读等。该板块建议 40 分钟左右完成。

5. 活动

这一板块为自由输出式活动，建议 20 分钟完成，目的是使学生在前几个阶段学习的基础上，通过完成真实的交际任务获得运用汉语进行会话的交际能力。教师可根据任务要求让学生分组活动，教师巡视并提供指导和帮助。活动完成后，教师请各小组分别展示，并根据展示内容向其他小组提问，必要时，针对偏误进行进一步的操练。活动过程中可对小组进行重新组合，变换组员，使学生能有足够的机会跟不同的伙伴互动。作为课后的巩固和跟进，教师可增加基于“微信群”的学习活动，鼓励学生通过语音留言的形式完成口头表达的作业，提高其口语表达的积极性和参与性，从而巩固学生的交际会话能力。

6. 拓展练习

如果日课时为 3 课时，这一板块作为课后作业；如果日课时为 4 课时，则第四节课使用。此板块为学生提供包含本课语言点及主要词汇的听力理解及阅读理解的练习。具体而言，第一部分为听力练习，教师可引导学生先看题目，大致了解所听内容的对话情境、人物及话题内容。教师可根据学生的听力情况决定播放录音的次数，建议通过与学生互动的方式检测学生是否完全听懂。第二部分为阅读练习，学生正确完成后，如果时间充裕，可以让学生复述短文内容。

以上建议仅供各位教师参考，教师可在教学实践中根据本校课时安排、教学对象特点、学生需求、课堂实际情况等多方面因素进行调整，灵活取舍，以求取得最佳的教学效果。

语法术语缩略形式表
Abbreviations of Grammar Terms

缩略形式 Abbreviation	英文翻译 English	中文名称 Chinese
A	Adjective	形容词
Adv	Adverb	副词
Conj	Conjunction	连词
Int	Interjection	感叹词
M	Measure Word	量词
N	Noun	名词
NP	Noun Phrase	名词词组
Nu	Numeral	数词
O	Object	宾语
Ono	Onomatopoeia	拟声词
PN	Proper Noun	专有名词
Pre	Prefix	前缀
Prep	Preposition	介词
Pron	Pronoun	代词
Pt	Particle	助词
Q	Quantifier	数量词
S	Subject	主语
Suf	Suffix	后缀
V	Verb	动词
VP	Verb Phrase	动词词组

目　录

第一课　你在听什么？ 1

功　能　（1）与同伴交流周末的休闲活动
（2）询问他人现在正在做什么

语言点　（1）动作正在进行
（2）一边……，一边……

第二课　你平时几点起床？ 15

功　能　（1）询问时间
（2）约会
（3）询问日程

语言点　（1）具体时间表达：点（钟）、半、刻、分
（2）时间表达顺序

第三课　可以用一下你的手机吗？ 27

功　能　（1）请求允许
（2）借用他人物品
（3）询问电话号码

语言点　（1）能愿动词：可以、想
（2）数量词：一下

第四课　你想要哪件？ 39

功　能　（1）谈论商品颜色、尺寸和价格
（2）询问商品的不同尺寸和颜色
（3）讨价还价

语言点　（1）量词小结
（2）“的”字结构

第五课　你这个周末什么时候有空儿？ 51

功　能　（1）问候很久没见的朋友
（2）寻求帮助
（3）电话约会

语言点　（1）介词短语
（2）“有点儿”和“(一)点儿”

第六课 上个周末你做什么了？ 65

功 能 （1）交流周末活动
（2）简单描述博物馆或公园
语言点 （1）"了"表完成
（2）主谓谓语句

第七课 你是跟谁一起去的？ 77

功 能 （1）询问并谈论过去事件的详细信息
（2）详细描述周末活动
（3）描述一张照片的内容
语言点 "是……的"句

第八课 你会做菜吗？ 91

功 能 （1）询问并谈论他人的某一技能
（2）询问并介绍会说的外语
语言点 （1）能愿动词：会 $_1$
（2）除了……以外，……还……

第九课 你见过熊猫吗？ 105

功 能 （1）寻求建议
（2）制订周末计划
（3）介绍某人的兴趣
语言点 助词"过"

第十课 给您添麻烦了！ 117

功 能 （1）到中国人家里做客
（2）称赞主人的食物、房子等
（3）介绍一道菜的味道

生词表 129

录音文本 133

1 What are you listening to? 1

Functions (1) To exchange weekend activities with your partner
(2) To ask another person what he/she is doing at the moment

Language points (1) Action in progress
(2) 一边……，一边……

2 When do you usually get up? 15

Functions (1) To ask about the time
(2) To arrange a date
(3) To ask about one's schedule

Language points (1) The expression of specific time:
点（钟），半，刻，分
(2) The order of time expressions

3 Can I use your mobile phone? 27

Functions (1) To ask for permission
(2) To borrow something from others
(3) To ask for one's telephone number

Language points (1) The modal verbs: 可以，想
(2) The quantifier: 一下

4 Which one do you want? 39

Functions (1) To talk about the color, size, and price of a commodity
(2) To ask about the different sizes and colors of commodities
(3) To bargain over the price

Language points (1) Summary of measure words
(2) The 的-structure

5 When will you be free this weekend? 51

Functions (1) To greet a friend one hasn't seen for a long time
(2) To ask for help
(3) To ask somebody out over the phone

Language points (1) Prepositional phrases
(2) "有点儿" and "(一) 点儿"

6 What did you do last weekend? 65

Functions (1) To exchange weekend activities

(2) To make a brief description of a museum/park

Language points (1) "了" indicating completion

(2) The S-P predicate sentence

7 Whom did you go with? 77

Functions (1) To ask and talk about the details of a past event

(2) To describe a weekend activity in detail

(3) To describe a photo

Language point The "是……的" sentence

8 Can you cook? 91

Functions (1) To ask and talk about a certain skill of someone

(2) To ask and introduce the foreign languages one speaks

Language points (1) The modal verb 会 $_1$

(2) 除了……以外，……还……

9 Have you ever seen a panda? 105

Functions (1) To ask for advice

(2) To work out a plan for the weekend

(3) To introduce one's interests

Language point The particle "过"

10 Sorry to trouble you 117

Functions (1) To visit a Chinese person's home

(2) To compliment on the food, house, etc. of a Chinese host

(3) To introduce the flavor of a certain cuisine

Vocabulary 129

Listening script 133

Dì-yī kè Nǐ zài tīng shénme?

第一课 你在听什么？

Lesson 1 What are you listening to?

本课目标 Goals of the lesson

1. 功能 Functions：

（1）与同伴交流周末的休闲活动

To exchange weekend activities with your partner

（2）询问他人现在正在做什么

To ask another person what he/she is doing at the moment

2. 语言点 Language points：

（1）动作正在进行 Action in progress

（2）一边……，一边……

一、热身 Warm-up

回答问题。

Answer the questions.

Nǐ zhōumò xǐhuan zuò shénme?

1. 你 周末 喜欢 做 什么？

What do you like to do on weekends?

Nǐ xǐhuan de diànyǐng shì shénme? Nǐ zhīdào nǎxiē Zhōngguó diànyǐng?

2. 你 喜欢 的 电影 是 什么？你 知道 哪些 中国 电影？

What is your favorite movie? Which Chinese movies do you know?

Nǐ xǐhuan tīng yīnyuè ma? Nǐ zuì xǐhuan de yīnyuè shì shénme?

3. 你 喜欢 听 音乐 吗？你 最 喜欢 的 音乐 是 什么？

Do you like listening to music? What is your favorite music?

Nǐ xǐhuan dǎ qiú ma? Nǐ zuì xǐhuan dǎ shénme qiú?

4. 你 喜欢 打球 吗？你 最 喜欢 打 什么 球？

Do you like playing balls? What kind of ball do you like best?

二、词语 New words

1	在	zài	Adv	in the process of	在工作
2	正在	zhèngzài	Adv	in the process of	正在学习汉语
	正	zhèng	Adv	in the process of	正吃饭
3	听	tīng	V	to listen to	听音乐
4	音乐	yīnyuè	N	music	中国音乐
5	好听	hǎotīng	A	pleasant to hear	中国音乐很好听
6	一边……，一边……	yìbiān…，yìbiān…	Adv	(*indicating two actions taking place simultaneously*) ...while...	一边吃饭，一边学习汉语
7	唱歌	chàng gē	VP	to sing (a song)	唱中文歌
	唱	chàng	V	to sing	唱歌
	歌	gē	N	song	中文歌
9	只	zhǐ	Adv	only	只学习汉语
10	常常	chángcháng	Adv	often	他常常迟到。
	常	cháng	Adv	often	我常说汉语。
11	行	xíng	V	to be OK	A：我们去看电影吧？ B：行。
12	下次	xià cì		next time	我们下次去超市。
	次	cì	M	time	这次
13	平时	píngshí	N	normal days	你平时喜欢看书吗？
14	打球	dǎ qiú	VP	to play ball	打什么球
	打	dǎ	V	to play	打网球（tennis）
	球	qiú	N	ball	网球
15	电视	diànshì	N	TV	看电视
16	跳舞	tiào wǔ	VO	to dance	正在跳舞
	跳	tiào	V	to jump, to dance	跳爵士舞（Jazz）
	舞	wǔ	N	dance	爵士舞
17	街舞	jiēwǔ	N	hip-hop dance	跳街舞
18	别人	biérén	Pron	others, someone else	我不认识别人。
19	篮球	lánqiú	N	basketball	打篮球
20	周末	zhōumò	N	weekend	你周末喜欢做什么？
21	一起	yìqǐ	Adv	together	一起吃饭
22	下个	xià gè		next	下个星期

专名 Proper noun

田中	Tiánzhōng	Tanaka, a Japanese surname

选用以上的词填空 Choose a word from above to fill in each blank

Wǒ wǎnshang chángcháng zài jiā kàn .
(1) 我 晚上 常常 在家看（ ）。

Wǒmen míngtiān qù kàn diànyǐng ba.
(2) 我们 明天 （ ）去 看 电影 吧。

Wǒ gēge hěn xǐhuan dǎ .
(3) 我 哥哥 很 喜欢 打（ ）。

Ōuwén yǒu yí gè jiějie.
(4) 欧文（ ）有 一 个 姐姐。

Qǐngwèn, Zhōngguó Yínháng zài nǎr?
(5) A: 请问， 中国 银行 在 哪儿？

Duìbuqǐ, wǒ bù zhīdào, nǐ wèn ba.
B: 对不起，我 不 知道，你 问（ ）吧。

三、语言点 Language points

动作正在进行 Action in progress

副词“在……（呢）”“正在……（呢）”“正……（呢）”用于动词前，表示正在进行的动作。

The adverb “在……（呢）”, “正在……（呢）” or “正……（呢）” is used before a verb to indicate an ongoing action.

例 For example:

Nǐ zài zuò shénme?
1. A: 你 在 做 什么？

Wǒ zài tīng yīnyuè (ne).
B: 我 在 听 音乐（呢）。

Tā zhèngzài hē kāfēi.
2. 他 正在 喝 咖啡。

Lǎoshī zài jiāo wǒmen Hànyǔ.
3. 老师 在 教 我们 汉语。

一边……，一边…… ...while...

"一边……，一边……"用来表示两个或以上的动作同时进行。主语在前，"一边"后分别接不同的动词。

"一边……，一边……" is used to indicate that two or more actions are going on at the same time. With a subject before "一边……，一边……", each "一边" is followed by a different verb.

例 For example：

Tā yìbiān chàng gē，yìbiān tiào wǔ.
她 一边 唱 歌，一边 跳舞。

Wǒ xǐhuan yìbiān chī fàn，yìbiān kàn shū.
我 喜欢 一边 吃 饭，一边 看 书。

Tā chángcháng yìbiān zǒu lù，yìbiān tīng yīnyuè.
他 常常 一边 走路，一边 听 音乐。

◎ 活动 Activities

1. 把下面的词语写在相应的图片下面，然后仿照例子，两人一组，看图问答。

Write the following words under the corresponding pictures, and then work in pairs to ask and answer questions about the pictures after the example.

例 For example：

kàn diànyǐng　chàng gē
词语：看 电影　唱 歌

(1)

chàng gē
唱 歌

Ta zài zuò shénme?
A：他 在 做 什么？

Tā zài chàng gē.
B：他 在 唱 歌。

(2)

kàn diànyǐng
看 电影

Tāmen zài zuò shénme?
A：他们 在 做 什么？

Tāmen zài kàn diànyǐng.
B：他们 在 看 电影。

词语：跳舞 tiào wǔ　打球 dǎ qiú　听音乐 tīng yīnyuè　看电视 kàn diànshì　吃饭 chī fàn

（1）

____

A: ______________________?

B: ______________________。

（2）

____

A: ______________________?

B: ______________________。

（3）

____

A: ______________________?

B: ______________________。

（4）

____

A: ______________________?

B: ______________________。

（5）

____

A: ______________________?

B: ______________________。

2. 两人一组，仿照例子根据图片内容问答。

Work in pairs. Ask and answer questions based on the pictures after the example.

例 For example：

Tā yībiān chī fàn, yībiān kàn shǒujī.
他 一边 吃 饭，一边 看 手机（mobile phone）。

1.

________________。

2.

________________。

3.

________________。

四、课文（一）Text (1)

01-1

听录音，判断对错

Listen to the recording and decide whether the following statements are true or false

Tiánzhōng zài tīng yīnyuè.
（1）田中 在 听 音乐。（　　）

Hǎilún xǐhuan tīng yīnyuè.
（2）海伦 喜欢 听 音乐。（　　）

Tiánzhōng xǐhuan chàng gē.
（3） 田中 喜欢 唱 歌。（　　）

Hǎilún xǐhuan chàng gē.
（4）海伦 喜欢 唱 歌。（　　）

听录音，回答问题 Listen to the recording and answer the questions

Tiánzhōng zài tīng shénme yīnyuè?
（1） 田中 在 听 什么 音乐？

Hǎilún xǐhuan yìbiān zǒu lù, yìbiān zuò shénme?
（2）海伦 喜欢 一边 走路，一边 做 什么？

Tiánzhōng xǐhuan chàng shénme gē?
（3） 田中 喜欢 唱 什么 歌？

Hǎilún xiǎng zuò shénme?
（4）海伦 想 做 什么？

分角色朗读下面的对话 Role-play the dialogue

Hǎilún: Tiánzhōng, nǐ zài zuò shénme?
海伦： 田中，你在做什么？

Tiánzhōng: Wǒ zài tīng yīnyuè.
田中： 我在听音乐。

Hǎilún: Tīng shénme yīnyuè?
海伦： 听什么音乐？

Tiánzhōng: Wǒ zài tīng Zhōngguó yīnyuè, hěn hǎotīng!
田中： 我在听 中国 音乐，很好听！

Hǎilún: Nǐ xǐhuan yìbiān kàn shū, yìbiān tīng yīnyuè?
海伦： 你喜欢一边看书，一边听音乐？

Tiánzhōng: Duì, nǐ xǐhuan tīng yīnyuè ma?
田中： 对，你喜欢听音乐吗？

Hǎilún: Hěn xǐhuan, wǒ chángcháng yìbiān zǒu lù, yìbiān tīng yīnyuè.
海伦： 很喜欢，我 常常 一边走路，一边听音乐。

Tiánzhōng: Nǐ xǐhuan chàng gē ma?
田中：你喜欢 唱 歌吗？

Hǎilún: Wǒ bù xǐhuan chàng gē, wǒ zhǐ xǐhuan tīng gē. Nǐ ne?
海伦：我不喜欢 唱 歌，我只喜欢 听歌。你呢？

Tiánzhōng: Wǒ hěn xǐhuan chàng gē, wǒ xǐhuan chàng yīngwéngē.
田中：我很喜欢 唱 歌，我喜欢 唱 英文歌。

Hǎilún: Tài hǎo le, wǒ hěn xǐhuan tīng yīngwéngē. Nǐ chàng yí gè, hǎo ma?
海伦：太好了，我很喜欢听英文歌。你 唱 一个，好吗？

Tiánzhōng: Bùxíng, bùxíng, xià cì ba!
田中：不行，不行，下次吧！

五、课文（二） Text (2)

01-2

听录音，回答问题 Listen to the recording and answer the questions

Kǎmǎlā píngshí xǐhuan zuò shénme?
（1）卡玛拉 平时 喜欢 做 什么？

Ōuwén píngshí xǐhuan zuò shénme?
（2）欧文 平时 喜欢 做 什么？

Kǎmǎlā xǐhuan dǎ shénme qiú?
（3）卡玛拉 喜欢 打 什么 球？

Ōuwén xǐhuan tiào shénme wǔ?
（4）欧文 喜欢 跳 什么 舞？

Tāmen zhōumò yìqǐ zuò shénme?
（5）他们 周末 一起做 什么？

分角色朗读下面的对话 Role-play the dialogue

Ōuwén: Kǎmǎlā, nǐ píngshí xǐhuan zuò shénme?
欧文：卡玛拉，你平时喜欢做什么？

Kǎmǎlā: Wǒ xǐhuan dǎ qiú, hái xǐhuan kàn diànyǐng hé diànshì. Nǐ ne?
卡玛拉：我喜欢打球，还喜欢看 电影 和电视。你呢？

Ōuwén: Wǒ yě xǐhuan kàn diànyǐng, wǒ hái xǐhuan kàn shū hé tiào wǔ.
欧文： 我也喜欢看电影，我还喜欢看书和跳舞。

Kǎmălā: Nǐ xǐhuan tiào shénme wǔ?
卡玛拉：你喜欢跳什么舞？

Ōuwén: Wǒ xǐhuan tiào jiēwǔ. Nǐ xǐhuan tiào wǔ ma?
欧文： 我喜欢跳街舞。你喜欢跳舞吗？

Kǎmălā: Bù xǐhuan, wǒ zhǐ xǐhuan kàn biérén tiào wǔ.
卡玛拉：不喜欢，我只喜欢看别人跳舞。

Ōuwén: Nǐ xǐhuan dǎ qiú ma?
欧文： 你喜欢打球吗？

Kǎmălā: Wǒ xǐhuan dǎ lánqiú. Nǐ xǐhuan ma?
卡玛拉：我喜欢打篮球。你喜欢吗？

Ōuwén: Wǒ bù xǐhuan dǎ qiú, wǒ zhǐ xǐhuan kàn qiú.
欧文： 我不喜欢打球，我只喜欢看球。

Kǎmălā: Wǒ yě xǐhuan kàn qiú, wǒ hěn xǐhuan kàn NBA.
卡玛拉：我也喜欢看球，我很喜欢看NBA。

Ōuwén: Wǒ yě shì, xià gè zhōumò wǒmen yìqǐ kàn ba!
欧文： 我也是，下个周末我们一起看吧！

六、活动 Activities

头脑风暴 Brainstorm

三人或四人一组，想想人们常常喜欢同时做两件或两件以上的事的习惯行为，看看哪组说得最多。

Work in groups of three or four, think of things people usually like to do simultaneously and write them down. See which group comes up with the most.

例 For example：

Hěn duō rén chángcháng yìbiān zuò dìtiě, yìbiān shàng wǎng.
（1）很 多 人 常常 一边 坐 地铁（subway），一边 上网 （to surf the Internet）。

Hěn duō rén chángcháng yìbiān kāi chē, yìbiān tīng yīnyuè.
（2）很 多 人 常常 一边 开车， 一边 听 音乐。

……

互问互答 Q & A

两人一组，模仿范例，互相询问对方的爱好，根据对方的回答询问具体的内容。

Work in pairs. Ask and answer questions about each other's hobbies after the example, and then ask for further information based on your partner's reply.

例 For example：

Nǐ píngshí xǐhuan zuò shénme?
A：你 平时 喜欢 做 什么？

Wǒ xǐhuan dǎ qiú, hái xǐhuan kàn shū.
B：我 喜欢 打球，还 喜欢 看 书。

Nǐ xǐhuan dǎ shénme qiú?
A：你 喜欢 打 什么 球？

Wǒ xǐhuan dǎ wǎngqiú. Nǐ ne?
B：我 喜欢 打 网球。你呢？

Wǒ bù xǐhuan dǎ wǎngqiú, wǒ xǐhuan tī zúqiú. Wǒ hái xǐhuan kàn diànyǐng.
A：我 不 喜欢 打 网球， 我 喜欢 踢 足球（to play football）。我 还 喜欢 看 电影。

Nǐ xǐhuan kàn shénme diànyǐng?
B：你 喜欢 看 什么 电影？

Wǒ xǐhuan kàn Měiguó diànyǐng, nǐ xǐhuan kàn diànyǐng ma?
A：我 喜欢 看 美国 电影， 你 喜欢 看 电影 吗？

B：……

七、拓展练习 Extended exercises

听力练习 Listening 01-3

1. 听录音，判断对错。

Listen to the recording and decide whether the following statements are true or false.

Wénlì xǐhuan kàn shū.
（1）文丽 喜欢 看 书。（ ）

Xiǎomíng xǐhuan chàng gē.
（2） 小明 喜欢 唱 歌。（ ）

Xiǎomíng hái xǐhuan tiào wǔ.
（3） 小明 还 喜欢 跳舞。（ ）

Xiǎomíng xǐhuan yìbiān chàng gē, yìbiān tiào wǔ.
（4） 小明 喜欢 一边 唱 歌，一边 跳舞。（ ）

2. 听录音，选择填空。

Listen to the recording and choose the right answers.

Wénlì xǐhuan
（1）文丽 喜欢 ＿＿＿＿＿。

kàn shū hé kàn diànshì / chàng gē hé kàn shū / kàn shū hé tiào wǔ
A. 看书和看电视 B. 唱歌和看书 C. 看书和跳舞

Wénlì xǐhuan kàn
（2）文丽 喜欢 看 ＿＿＿＿＿。

hànyǔshū / yīngyǔshū / hànyǔshū hé yīngyǔshū
A. 汉语书 B. 英语书 C. 汉语书 和 英语书

Xiǎomíng xǐhuan
（3） 小明 喜欢 ＿＿＿＿＿。

chàng gē hé tiào wǔ / kàn diànyǐng hé tiào wǔ / kàn diànyǐng hé chàng gē
A. 唱歌和跳舞 B. 看电影和跳舞 C. 看电影和唱歌

Xiǎomíng xǐhuan kàn
（4） 小明 喜欢 看＿＿＿＿＿。

Zhōngguó diànyǐng / Měiguó diànyǐng / Yīngguó diànyǐng
A. 中国 电影 B. 美国 电影 C. 英国 电影

阅读练习 Reading

1. 根据拼音填写汉字。

Write characters according to the *pinyin*.

Wǒ yǒu yí gè hǎo péngyou, tā jiào Tián Lì. Tā shì měiguórèn, xiànzài zài Zhōngguó Yīnyuè
我有一个好朋友，她叫田丽。她是美国人，现在(now)在中国音乐

Xuéyuàn xuéxí Hànyǔ. Tā jīnnián 20 suì. Tā xǐhuan chàng gē, tiào wǔ, hái xǐhuan tīng
学院学习汉语。她今年 20 岁。她喜欢（　　）、（　　），还喜欢听

yīnyuè. Tā xǐhuan tīng Zhōngguó yīnyuè, chàng zhōngguógē, tā chángcháng yìbiān chàng gē,
（　　）。她喜欢听中国音乐，唱中国歌，她常常（　　）唱歌，

yìbiān tiào wǔ. Kěshì, tā bù xǐhuan dǎ qiú, yě bù xǐhuan kàn diànshì. Tā chángcháng zài jiā
（　　）跳舞。可是，她不喜欢打球，也不喜欢看电视。她常常在家

tīng yīnyuè, chàng gē, xué Hànyǔ. Wǒmen zhōumò chángcháng yìqǐ chī fàn, kàn diànyǐng.
听音乐、唱歌、学汉语。我们（　　）常常一起吃饭、看电影。

2. 根据短文内容选择。

Choose the right answers according to the passage.

Tián Lì zài Zhōngguó xuéxí
（1）田丽在中国学习________。

Hànyǔ　　Hànyǔ hé tiào wǔ　　Hànyǔ hé diànyǐng
A. 汉语　　B. 汉语和跳舞　　C. 汉语和电影

Tián Lì hěn xǐhuan
（2）田丽很喜欢________。

chàng gē, tiào wǔ hé yùndòng　　chàng gē, kàn shū hé tiào wǔ
A. 唱歌、跳舞和运动　　B. 唱歌、看书和跳舞

chàng gē, tiào wǔ hé tīng yīnyuè
C. 唱歌、跳舞和听音乐

Tián Lì bù xǐhuan
（3）田丽不喜欢________。

dǎ qiú　　kàn diànyǐng　　tīng yīnyuè
A. 打球　　B. 看电影　　C. 听音乐

Wǒ hé Tián Lì chángcháng yìqǐ
（4）我和田丽常常一起________。

chī fàn hé tīng yīnyuè / chī fàn hé chàng gē / chī fàn hé kàn diànyǐng
A. 吃饭和听音乐　B. 吃饭和唱歌　C. 吃饭和看电影

选词填空 Choose a word to fill in each blank

yìqǐ / chángcháng / hái
一起　常常　还

Tiánzhōng xǐhuan dǎ qiú, ________ xǐhuan kàn shū.
（1）田中喜欢打球，________喜欢看书。

Wǒ píngshí wǎnshang ________ zài jiā kàn shū.
（2）我平时晚上________在家看书。

Xiànzài 12 diǎn, wǒmen ________ qù chī fàn, hǎo ma?
（3）现在 12 点，我们________去吃饭，好吗？

想一想，本课你学到了哪些有用的词语和格式？请写在下面。

Think about the useful words and sentence patterns you have learned in this lesson and write them down below.

词语 Words：

句子 Sentence patterns：

Dì-èr kè Nǐ píngshí jǐ diǎn qǐ chuáng?

第二课 你平时几点起床？

Lesson 2 When do you usually get up?

本课目标 Goals of the lesson

1. 功能 Functions：
   (1) 询问时间 To ask about the time
   (2) 约会 To arrange a date
   (3) 询问日程 To ask about one's schedule
2. 语言点 Language points：
   (1) 具体时间表达：点（钟）、半、刻、分
   The expression of specific time: 点（钟），半，刻，分
   (2) 时间表达顺序 The order of time expressions

一、热身 Warm-up

回答问题。

Answer the questions.

Nǐ měi tiān zǎoshang jǐ diǎn qǐ chuáng?
1. 你每天早上几点起床？
What time do you get up every morning?

Nǐ měi tiān wǎnshang jǐ diǎn shuì jiào?
2. 你每天晚上几点睡觉？
What time do you go to bed every night?

Nǐ jīntiān jǐ diǎn yǒu hànyǔkè?
3. 你今天几点有汉语课？
What time do you have Chinese class today?

二、词语 New words

1	现在	xiànzài	N	now	请问，现在几点？
2	点（钟）	diǎn(zhōng)	M	o'clock	九点（钟）

3	半	bàn	Nu	half	八点半
4	刻	kè	M	quarter (of an hour)	九点一刻
5	分	fēn	M	minute	五点四十三分
6	上课 课	shàng kè kè	VO N	to attend class class, lesson	每天上课 有课
7	下课	xià kè	VO	to finish class	我们十点下课。
8	中午	zhōngwǔ	N	noon	今天中午
9	或者	huòzhě	Conj	or (in a statement)	今天或者明天
10	学校	xuéxiào	N	school	去学校
11	门口	ménkǒu	N	gate, entrance	家门口
12	起床	qǐ chuáng	VO	to get up	八点起床
13	有时候 有时	yǒushíhou yǒushí	 Adv	sometimes sometimes	有时候看书 有时看电影
14	左右	zuǒyòu	N	around, approximately	九点左右
15	每天	měi tiān		every day	每天学习汉语
16	这么	zhème	Pron	so, like this	这么早
17	早	zǎo	A	early	很早
18	睡觉 睡	shuì jiào shuì	VO V	to sleep to sleep	去睡觉 睡一觉
19	因为	yīnwèi	Conj	because	因为我喜欢中国，所以来北京学汉语。
20	晚	wǎn	A	late	很晚

选用以上词语填空 Choose a word from above to fill in each blank

Wǒmen míngtiān zài xuéxiào (　　) jiàn, hǎo ma?
（1）我们 明天 在 学校（　　）见，好 吗？

Ōuwén (　　) dōu xué Hànyǔ.
（2）欧文（　　）都 学 汉语。

Wǒ xiànzài bù xiǎng chī fàn, (　　) wǒ bú è.
（3）我 现在 不 想 吃 饭，（　　）我 不 饿。

Wǒ hē chá (　　) hē kāfēi.
（4）我 喝 茶（　　）喝 咖啡。

三、语言点 Language points

具体时间表达 The expression of specific time：点（钟）、半、刻、分

表达具体时间的词主要有“点（钟）、半、刻、分”，汉语中表达时间的顺序基本与英语相同，由点到分。

The common words used to indicate a specific time in Chinese are “点（钟）”, “半”, “刻”, and “分”. The order of time expressions is basically the same as that in English, ranging from “点” to “分”.

A. diǎn (zhōng) 点（钟） o’clock：3:00 sān diǎn (zhōng) 三点（钟） 10:00 shí diǎn (zhōng) 十点（钟）

B. bàn 半 half：12:30 shí’èr diǎn bàn / shí’èr diǎn sānshí (fēn) 十二点半 / 十二点三十（分）

5:30 wǔ diǎn bàn / wǔ diǎn sānshí (fēn) 五点半 / 五点三十（分）

C. kè 刻 quarter：6:15 liù diǎn yí kè / liù diǎn shíwǔ (fēn) 六点一刻 / 六点十五（分）

9:45 jiǔ diǎn sān kè 九点三刻

D. fēn 分 minute：8:10 bā diǎn shí fēn 八点十分

11:05 shíyī diǎn líng wǔ (fēn) 十一点零五（分）

4:25 sì diǎn èrshíwǔ (fēn) 四点二十五（分）

时间表达顺序 The order of time expressions

8:15 a.m. zǎoshang bā diǎn yí kè 早上八点一刻

11:30 a.m. zhōngwǔ shíyī diǎn bàn 中午十一点半

3:20 p.m. xiàwǔ sān diǎn èrshí (fēn) 下午三点二十（分）

6:45 p.m. wǎnshang liù diǎn sān kè 晚上六点三刻

◎ 活动 Activity

把下面的词写在相应的图片下面，然后仿照例子，两人一组，看图问答各自的时间表。

Write the following words under the corresponding pictures, and then work in pairs to ask and answer questions about each other's schedules after the example.

例 For example：

shàng kè
词语： 上课

Tā jīntiān jǐ diǎn shàng kè?
A：他 今天 几 点 上课？

Tā jiǔ diǎn shàng kè.
B：他 九 点 上课。

jiǔ diǎn
九 点

shàng kè
上课

qǐ chuáng shuì jiào shàng hànyǔkè chī zǎofàn
词语： 起床 睡觉 上 汉语课 吃 早饭

1.

Tā jīntiān jǐ diǎn ________?
A：她 今天 几 点 ________？

Tā ________.
B：她 ________。

____

____

2.

Tā jīntiān jǐ diǎn ________?
A：她 今天 几 点 ________？

Tā ________.
B：她 ________。

____

____

3.

______

______

Tā jīntiān jǐ diǎn ______?
A：他今天几点______？

Tā ______.
B：他______。

4.

______

______

Tā jīntiān jǐ diǎn ______?
A：她今天几点______？

Tā ______.
B：她______。

Nǐ jīntiān ______?
A：你今天______？

______.
B：______。

Nǐ píngshí ______?
A：你平时______？

______.
B：______。

Nǐ píngshí jǐ diǎn ______?
A：你平时几点______？

______.
B：______。

四、课文（一） Text (1)

02-1

听录音，判断对错

Listen to the recording and decide whether the following statements are true or false

Xiànzài jiǔ diǎn.
（1）现在九点。（　　）

Jīntiān tāmen dōu yǒu kè.
（2）今天 他们 都 有 课。（　　）

Tāme jīntiān wǎnshang yìqǐ chī fàn.
（3）他们 今天 晚上 一起 吃 饭。（　　）

Tāme jīntiān yìqǐ chī hánguócài.
（4）他们 今天 一起 吃 韩国菜。（　　）

听录音，回答问题 Listen to the recording and answer the questions

Xiànzài jǐ diǎn?
（1）现在 几 点？

Ōuwén jīntiān jǐ diǎn shàng kè?
（2）欧文 今天 几 点 上课？

Tāme jīntiān zhōngwǔ yìqǐ zuò shénme?
（3）他们 今天 中午 一起 做 什么？

Tāme jīntiān zhōngwǔ jǐ diǎn jiàn?
（4）他们 今天 中午 几 点 见？

分角色朗读下面的对话 Role-play the dialogue

Hǎilún: Ōuwén, xiànzài jǐ diǎn?
海伦：欧文，现在 几 点？

Ōuwén: Bā diǎn yí kè. Nǐ jīntiān jǐ diǎn shàng kè?
欧文：八 点 一 刻。你 今天 几 点 上课？

Hǎilún: Jiù diǎn. Nǐ ne?
海伦：九 点。你 呢？

Ōuwén: Wǒ jīntiān jiǔ diǎn wǔshíwǔ (fēn) shàng kè.
欧文：我 今天 九 点 五十五（分）上课。

Hǎilún: Nǐ jǐ diǎn xià kè?
海伦：你 几 点 下课？

Ōuwén: shí'èr diǎn bàn. Nǐ ne?
欧文：十二 点 半。你 呢？

Hǎilún: Wǒ yě shì.
海伦：我也是。

Ōuwén: Zhōngwǔ wǒmen yìqǐ chī fàn ba.
欧文：中午 我们 一起 吃 饭 吧。

Hǎilún: Hǎo! Wǒmen chī shénme?
海伦：好！我们 吃 什么？

Ōuwén: Chī zhōngguócài huòzhě hánguócài ba.
欧文：吃 中国菜 或者 韩国菜 吧。

Hǎilún: Hǎo, zhōngwǔ shí'èr diǎn bàn zài xuéxiào ménkǒu jiàn!
海伦：好，中午 十二 点 半 在 学校 门口 见！

Ōuwén: shí'èr diǎn bàn jiàn!
欧文：十二 点 半 见！

五、课文（二）Text (2)

02-2

听录音，回答问题 Listen to the recording and answer the questions

Ōuwén píngshí jǐ diǎn qǐ chuáng?
（1）欧文 平时 几 点 起床？

Hǎilún měi tiān jǐ diǎn qǐ chuáng?
（2）海伦 每 天 几 点 起床？

Ōuwén píngshí jǐ diǎn shuì jiào?
（3）欧文 平时 几 点 睡觉？

Ōuwén wèi shénme shuì jiào zhème wǎn?
（4）欧文 为 什么 睡觉 这么 晚？

分角色朗读下面的对话 Role-play the dialogue

Hǎilún: Ōuwén, nǐ píngshí jǐ diǎn qǐ chuáng?
海伦：欧文，你 平时 几 点 起床？

Ōuwén: Yǒushíhou qī diǎn zuǒyòu, yǒushíhou bā diǎn zuǒyòu. Nǐ ne?
欧文：有时候七点左右，有时候八点左右。你呢？

Hǎilún: Wǒ měi tiān liù diǎn yí kè qǐ chuáng.
海伦：我每天六点一刻起床。

Ōuwén: Zhème zǎo! Nǐ píngshí jǐ diǎn shuì jiào?
欧文：这么早！你平时几点睡觉？

Hǎilún: Jiǔ diǎn huòzhě shí diǎn zuǒyòu shuì.
海伦：九点或者十点左右睡。

Ōuwén: Zěnme zhème zǎo?
欧文：怎么这么早？

Hǎilún: Yīnwèi wǒ xǐhuan zǎo shuì zǎo qǐ. Nǐ ne?
海伦：因为我喜欢早睡早起。你呢？

Ōuwén: Wǒ píngshí shí'èr diǎn zuǒyòu shuì jiào.
欧文：我平时十二点左右睡觉。

Hǎilún: Zěnme zhème wǎn?
海伦：怎么这么晚？

Ōuwén: Yīnwèi wǒ měi tiān dōu yǒu hěn duō shì.
欧文：因为我每天都有很多事。

六、活动 Activity

互问互答 Q & A

两人一组，模仿范例进行对话，互相采访，采访人根据听到的回答将时间填入表格。然后请你自己口头报告同学的一天时间表。

Work in pairs after the example to interview each other. The interviewer fills in the table based on what he/she hears. Then make an oral report of your classmate's daily schedule.

例 For example：

Nǐ měi tiān jǐ diǎn qǐ chuáng?
A：你 每 天 几 点 起床？

Wǒ píngshí liù diǎn bàn qǐ chuáng, zhōumò bā diǎn zuǒyòu qǐ chuáng.
B：我 平时 六 点 半 起床，周末 八 点 左右 起床。

Nǐ měi tiān …?
A：你 每 天……？

B：………

		píngshí 平时 (On weekdays)	zhōumò 周末 (On weekends)
shàngwǔ 上午 (morning)	qǐ chuáng 起床		
	chī zǎofàn 吃 早饭		
	shàng kè 上课		
	xià kè 下课		
zhōngwǔ 中午 (noon)	chī wǔfàn 吃 午饭		
xiàwǔ 下午 (afternoon)	yǒushíhou 有时候		
	yǒushíhou 有时候		
wǎnshang 晚上 (night)	chī wǎnfàn 吃 晚饭		
	shuì jiào 睡觉		

七、拓展练习 Extended exercises

听力练习 Listening 02-3

1. 听录音，判断对错。

Listen to the recording and decide whether the following statements are true or false.

Tāmen xiànzài dōu qù shàng kè.
（1）他们 现在 都 去 上课。（ ）

Tāmen jīntiān dōu yǒu kè.
（2）他们 今天 都 有 课。（ ）

Tāmen xīngqīliù yìqǐ kàn diànyǐng.
（3）他们 星期六 一起 看 电影。（ ）

Tāmen xīngqīliù xiàwǔ jiàn.
（4）他们 星期六 下午 见。（ ）

2. 听录音，选择填空。

Listen to the recording and choose the right answers.

Hǎilún xiànzài qù ________.
（1）海伦 现在 去 ________。

A. shàng kè 上课　B. dǎ qiú 打球　C. kàn diànyǐng 看电影

Tiánzhōng jīntiān ________ yǒu kè.
（2）田中 今天 ________ 有 课。

A. shàngwǔ jiǔ diǎn yí kè 上午九点一刻　B. xiàwǔ yī diǎn bàn 下午一点半　C. xiàwǔ sān diǎn 下午三点

Tāmen xīngqīliù yìqǐ ________.
（3）他们 星期六 一起 ________。

A. qù dǎ qiú 去打球　B. chī fàn 吃饭　C. xué Hànyǔ 学汉语

Tāmen xīngqīliù ________ jiàn.
（4）他们 星期六 ________ 见。

A. zhōngwǔ shí'èr diǎn 中午十二点　B. xiàwǔ sān diǎn 下午三点　C. xiàwǔ sān diǎn bàn 下午三点半

阅读练习 Reading

1. 根据拼音填写汉字。

Write characters according to the *pinyin*.

Tiánzhōng, Dàwèi hé Ōuwén dōu shì liúxuéshēng. Tāmen shì tóngxué, píngshí
田中、大卫和欧文都是留学生。他们是同学（classmates），平时

yìqǐ shàng kè, yìqǐ chī fàn. Tiánzhōng měi tiān liù diǎn bàn qǐ chuáng, wǎnshang shí diǎn
一起（　　），一起吃饭。田中每天六点半（　　），晚上十点

zuǒyǒu shuì jiào, yīnwèi tā xǐhuan zǎo shuì zǎo qǐ. Dàwèi měi tiān qī diǎn sān kè qǐ chuáng,
（　　）睡觉，因为他喜欢早睡早起。大卫每天七点三（　）起床，

wǎnshang shí'èr diǎn duō shuì jiào, tā xǐhuan wǎn shuì wǎn qǐ. Ōuwén měi tiān qī diǎn bàn
晚上十二点多睡觉，他喜欢晚睡晚起。欧文每天七点半

qǐ chuáng, wǎnshang shíyī diǎn zuǒyòu, yǒu shíhou shí'èr diǎn cái shuì jiào. Tāmen měi tiān
起床，晚上十一点左右，（　　）十二点才睡觉。他们每天

zhōngwǔ shí'èr diǎn yìqǐ chī fàn. Dàwèi hé Ōuwén zhōumò chángcháng yìqǐ dǎ qiú.
中午十二点一起吃饭。大卫和欧文周末常常一起打球。

2. 根据短文内容连线。

Match the two parts of the sentences according to the passage.

Tiánzhōng 田中	zhōngwǔ shí'èr diǎn yìqǐ chī fàn 中午十二点一起吃饭
Ōuwén 欧文	měi tiān liù diǎn bàn qǐ chuáng 每天六点半起床
Dàwèi hé Ōuwén 大卫和欧文	zhōumò yìqǐ dǎ qiú 周末一起打球
Tiánzhōng, Dàwèi hé Ōuwén 田中、大卫和欧文	měi tiān qī diǎn bàn qǐ chuáng 每天七点半起床

组词成句 Rearrange the words into sentences

jiàn wǒmen bā diǎn xīngqīyī wǎnshang
1. 见　我们　八点　星期一　晚上

____

shí'èr diǎn	chī fàn	wǒ měi tiān	zhōngwǔ	bàn
2. 十二 点	吃 饭	我 每 天	中午	半

____

sān kè	shíyī diǎn	shuì jiào	tā měi tiān	wǎnshang
3. 三 刻	十一 点	睡觉	他 每 天	晚上

____

想一想，本课你学到了哪些有用的词语和格式？请写在下面

Think about the useful words and sentence patterns you have learned in this lesson and write them down below.

词语 Words：

句子 Sentence patterns：

Dì-sān kè　Kěyǐ yòng yíxià nǐ de shǒujī ma?

第三课　可以用一下你的手机吗？

Lesson 3　Can I use your mobile phone?

本课目标 Goals of the lesson

1. 功能 Functions：
   (1) 请求允许 To ask for permission
   (2) 借用他人物品 To borrow something from others
   (3) 询问电话号码 To ask for one's telephone number
2. 语言点 Language points：
   (1) 能愿动词：可以、想　The modal verbs: 可以，想
   (2) 数量词：一下　The quantifier: 一下

一、热身 Warm-up

回答问题。

Answer the questions.

Rúguǒ nǐ xiǎng jiè biérén de shǒujī, nǐ zěnme shuō?

1. 如果你想借别人的手机，你怎么说？
   What would you say if you want to borrow a mobile phone?

Nǐ chángcháng yòng shǒujī zuò shénme?

2. 你常常用手机做什么？
   What do you usually do with your mobile phone?

二、词语 New words

1	可以	kěyǐ	V	may, can	上课可以玩手机吗？
2	给	gěi	Prep	to, for	给妈妈打电话
3	打电话	dǎ diànhuà	VP	to call (someone)	我打电话
	电话	diànhuà	N	telephone	一个电话

4	可是	kěshì	Conj	but	我想去中国，可是我的汉语不好。
5	号码 号	hàomǎ hào	N N	number number	电话号码 手机号
6	手机	shǒujī	N	mobile phone	我的手机
7	等	děng	V	to wait	等朋友
8	一下	yíxià	Q	a short while, a bit	等一下
9	支	zhī	M	*a measure word for pens, cigarettes, etc.*	一支笔
10	笔	bǐ	N	pen	她的笔
11	写	xiě	V	to write	写名字
12	慢	màn	A	slow	慢一点儿
13	说	shuō	V	to speak, to say	说汉语
14	遍	biàn	M	(*a measure word for actions*) time	写两遍
15	用	yòng	V	to use	用手机
16	电脑	diànnǎo	N	computer	我的电脑
17	对了	duìle	V	by the way	对了，你的电话号码是多少？
18	借	jiè	V	to borrow, to lend	借手机
19	电	diàn	N	electricity	没电了
20	没问题	méi wèntí		No problem.	A：可以用一下你的手机吗？ B：没问题。
21	找	zhǎo	V	to look for	找朋友

选用以上词语填空 Choose a word from above to fill in each blank

Wǒ kàn yíxià nǐ de shū ma?
（1）我（　　　）看一下你的书吗？

Tā xǐhuan wǒ, wǒ bù xǐhuan tā.
（2）他喜欢我，（　　　）我不喜欢他。

Nǐ kěyǐ wǒ dǎ diànhuà ma?
（3）你可以（　　　）我打电话吗？

Duìbuqǐ, qǐng nǐ zài shuō yí ．
（4）对不起， 请 你 再 说 一（　　　）。

Qǐngwèn, nǐ de diànhuà 　　　 shì duōshao?
（5）请问， 你 的 电话（　　　）是 多少？

三、语言点 Language points

能愿动词：可以、想 The modal verbs: 可以，想

置于动词前表示可能、需要或者意愿、准许意义的词被称为能愿动词，如“可以、想”。“可以”表示请求允许做某件事；“想”表达某人的主观意愿或希望做某件事，否定形式一般是在能愿动词前加“不”。

A modal verb is a word such as “可以” or “想” which precedes a verb to indicate the possibility, necessity, intention, or permission to do certain things. “可以” often expresses the objective conditions that permit or forbid someone to do something; “想” expresses one’s subjective intention or hope. The negative form usually has a “不” before the modal verb.

例 For example：

Wǒ kěyǐ yòng yíxià nǐ de shǒujī ma?
（1）A：我 可以 用 一下 你 的 手机 吗？

Kěyǐ.
B：可以。

Shàng kè kě bù kěyǐ dǎ diànhuà?
（2）A：上课 可 不 可以 打 电话？

Bù kěyǐ!
B：不 可以！

Nǐ xiǎng bù xiǎng qù?
（3）A：你 想 不 想 去？

Wǒ bù xiǎng qù.
B：我 不 想 去。

数量词：一下 The quantifier: 一下

“一下”置于动词后，表示动作持续时间短暂，常在问句中或祈使句中出现，使问题或请求的语气更柔和轻松，更礼貌。

"一下" is used after a verb to indicate an action lasting for a short time. It is used to soften the tone in a question or an imperative sentence to make it more polite.

例 For example：

Wǒ kěyǐ kàn yíxià nǐ de shū ma?
我可以看一下你的书吗？

Qǐng děng yíxià.
请等一下。

Wǒ xiǎng yòng yíxià nǐ de diànnǎo.
我想用一下你的电脑。

◎ 活动 Activity

两人一组朗读范例，并模仿范例用两种方式看图问答。

Work in pairs to read aloud the example. Then ask and answer questions about the pictures after the example.

例 For example：

kàn shū
词语：看书

Wǒ kěyǐ yíxià … ma?
（1）我可以V一下……吗？

Wǒ kěyǐ kàn yíxià nǐ de shū ma?
A：我可以看一下你的书吗？

Kěyǐ, gěi.
B：可以，给。

Xièxie!
A：谢谢！

Búyòng xiè!
B：不用谢！

Wǒ kě bù kěyǐ yíxià …?
（2）我可不可以V一下……？

Wǒ kě bù kěyǐ kàn yíxià nǐ de shū?
A：我可不可以看一下你的书？

Duìbuqǐ, wǒ zhènzài kàn.
B：对不起，我正在看。

Méi guānxi!
A：没关系！

yòng bǐ
词语：1. 用 笔

jiè diànnǎo
2. 借 电脑

jiè shǒujī
3. 借 手机

四、课文（一）Text (1)

03-1

听录音，判断对错

Listen to the recording and decide whether the following statements are true or false

Tiánzhōng xiànzài yào gěi Měijīng dǎ diànhuà.
（1） 田中 现在 要 给 美京 打 电话。（　　）

Tiánzhōng bù zhīdào Měijīng de diànhuà hàomǎ.
（2） 田中 不 知道 美京 的 电话 号码。（　　）

Měijīng méiyǒu bǐ.
（3） 美京 没有 笔。（　　）

Měijīng zhīdào Tiánzhōng de shǒujīhào.
（4） 美京 知道 田中 的手机号。（　　　）

听录音，回答问题 Listen to the recording and answer the questions

Tiánzhōng míngtiān xiǎng zuò shénme?
（1） 田中 明天 想 做 什么？

Měijīng de diànhuà hàomǎ shì duōshao?
（2） 美京 的 电话 号码 是 多少？

Tiánzhōng xiǎn jiè shénme?
（3） 田中 想 借 什么？

Tiánzhōng yǒu méiyǒu gěi Měijīng zìjǐ de diànhuà hàomǎ?
（4） 田中 有 没有 给 美京 自己的 电话 号码？

分角色朗读下面的对话 Role-play the dialogue

Tiánzhōng: Měijīng, wǒ míngtiān kěyǐ gěi nǐ dǎ diànhuà ma?
田中： 美京，我 明天 可以给你打 电话 吗？

Měijīng: Kěyǐ.
美京： 可以。

Tiánzhōng: Kěshì wǒ méiyǒu nǐ de diànhuà hàomǎ, nǐ de shǒujīhào shì duōshao?
田中： 可是我没有你的 电话 号码，你的手机号 是 多少？

Měijīng: Wǒ de shǒujīhào shì 136-1847-2834.
美京： 我的手机号是136-1847-2834。

Tiánzhōng: Děng yíxià, kěyǐ jiè yíxià nǐ de bǐ ma? Wǒ xiě yíxià.
田中： 等 一下，可以借一下 你的笔 吗？ 我 写 一下。

Měijīng: Kěyǐ.
美京： 可以。

Tiánzhōng: Xièxie.
田中： 谢谢。

Měijīng: Wǒ de shǒujīhào shì 136-1847-2834.
美京： 我的手机号是136-1847-2834。

Tiánzhōng: Nǐ màn yìdiǎnr.
田中： 你 慢 一点儿。

Měijīng: 136-1847-2834.
美京： 136-1847-2834。

Tiánzhōng: Hǎo, wǒ míngtiān gěi nǐ dǎ diànhuà.
田中： 好，我 明天 给 你 打 电话。

五、课文（二）Text (2)

03-2

听录音，回答问题 Listen to the recording and answer the questions

Hǎilún xiǎng jiè shénme?
（1）海伦 想 借 什么？

Tiánzhōng xiǎng jiè shénme?
（2） 田中 想 借 什么？

Tiánzhōng wèi shénme bú yòng tā de shǒujī?
（3） 田中 为 什么 不 用 他的手机？

Tiánzhōng jiè shǒujī zuò shénme?
（4） 田中 借 手机 做 什么？

分角色朗读下面的对话 Role-play the dialogue

Hǎilún: Tiánzhōng, kěyǐ yòng yíxià nǐ de diànnǎo ma?
海伦： 田中，可以 用 一下 你 的 电脑 吗？

Tiánzhōng: Kěyǐ, nǐ yòng ba.
田中： 可以，你 用 吧。

Hǎilún: Xièxie! Wǒ yòng yíxià, hěn kuài jiù hǎo.
海伦： 谢谢！ 我 用 一下，很 快 就 好。

Tiánzhōng: Méi guānxi, wǒ xiànzài bú yòng. Duìle, kě bu kěyǐ jiè yíxià nǐ de shǒujī? Wǒ de shǒujī méi diàn le.
田中： 没 关系，我 现在 不 用。 对了，可不可以 借 一下 你 的 手机？ 我 的 手机 没 电 了。

Hǎilún:　Méi wèntí, gěi.
海伦：　没问题，给。

Tiánzhōng:　Xièxie. wǒ xiǎng gěi Huáng lǎoshī dǎ gè diànhuà.
田中：　谢谢。我想给黄老师打个电话。

Hǎilún:　Nǐ yǒu Huáng lǎoshī de diànhuà hàomǎ ma?
海伦：　你有黄老师的电话号码吗？

Tiánzhōng:　Wǒ méiyǒu, nǐ yǒu ma?
田中：　我没有，你有吗？

Hǎilún:　Yǒu, wǒ zhǎo yíxià. … Zài zhèr, nǐ dǎ ba.
海伦：　有，我找一下。……在这儿，你打吧。

Tiánzhōng:　Xièxie!
田中：　谢谢！

六、活动 Activities

情景模拟 Simulation

两人一组，互相借一样物品，如手机、书、词典、充电器等。必须接受一次，礼貌拒绝一次，拒绝时要给出理由。

Work in pairs to borrow an article from each other, such as a mobile phone, a book, a dictionary, a recharger, etc. You have to accept once and refuse once, and provide the reason if you refuse.

例 For example：

Wǒ kěyǐ yòng yíxià nǐ de … ma?
A：我可以用一下你的……吗？

Kěyǐ, nǐ yòng ba. Méi wèntí, gěi.
B：可以，你用吧。/ 没问题，给。

Wǒ xiǎng yòng yíxià nǐ de …, kěyǐ ma?
A：我想用一下你的……，可以吗？

Duìbuqǐ, wǒ …
B：对不起，我……

互问互答 Q & A

离开座位，采访三位以上的同学，询问他们的电话号码，要求对方说慢一点儿，再说一遍，并且记录电话号码，最后向全班报告。

Leave your seat to ask more than three of your classmates for their phone numbers and ask them to say it a bit slower and say it again. Then write down their telephone numbers and report to the class.

提示 Tips：

Nǐ de shǒujīhào shì duōshao?
A：你 的 手机号 是 多少？

Wǒ de shǒujīhào shì …
B：我 的 手机号 是……

Qǐng màn yìdiǎnr.
A：请 慢 一点儿。

七、拓展练习 Extended exercises

听力练习 Listening 03-3

1. 听录音，判断对错。

Listen to the recording and decide whether the following statements are true or false.

Wénlì xiǎng xué Yīngyǔ.
（1）文丽 想 学 英语。（　　）

Ōuwén xiǎng qǐng Wénlì jiāo tā Hànyǔ.
（2）欧文 想 请 文丽 教 他 汉语。（　　）

Ōuwén zhīdào Wénlì de shǒujīhào.
（3）欧文 知道 文丽 的 手机号。（　　）

Wénlì bù zhīdào Ōuwén de shǒujīhào.
（4）文丽 不 知道 欧文 的 手机号。（　　）

2. 听录音，选择填空。

Listen to the recording and choose the right answers.

Wénlì míngnián yào ________.
（1）文丽 明年 要 ________。

qù Měiguó gōngzuò / qù Yīngguó xuéxí / qù Měiguó xuéxí
A. 去 美国 工作　B. 去 英国 学习　C. 去 美国 学习

Ōuwén de shǒujī hàomǎ shì ________.
（2）欧文 的 手机 号码 是________。

A. 137-0219-6734　　B. 137-0219-6434　　C. 137-0217-6734

Wénlì de shǒujī hàomǎ shì ________.
（3）文丽 的 手机 号码 是________。

A. 187-4327-5630　　B. 189-4327-5636　　C. 189-4327-5630

阅读练习 Reading

1. 根据拼音填写汉字。

Write characters according to the *pinyin*.

Ōuwén hé Dàwèi shì hǎo péngyou, dōu zài Zhōngguó xuéxí Hànyǔ. Ōuwén de Hànyǔ hěn hǎo,
欧文 和 大卫 是 好 朋友， 都 在 中国 学习 汉语。 欧文 的 汉语 很 好，

yīnwèi tā de nǚpéngyou shì zhōngguórén, chángcháng jiāo tā Hànyǔ. Dàwèi méiyǒu nǚpéngyou, tā
因为 他 的 女朋友 是 中国人， 常常 教 他 汉语。 大卫 没有 女朋友， 他

yě xiǎng zhǎo yí gè Zhōngguó nǚpéngyou. Ōuwén de nǚpéngyou yǒu yí gè mèimei, jiào
也（　　）（　　）一个 中国 女朋友。 欧文 的 女朋友 有 一个 妹妹， 叫

Wáng Xiǎowén, hěn piàoliang. Dàwèi rènshi Xiǎowén, xiǎng zuò tā de nánpéngyou. Tā xiǎng
王 小文， 很 漂亮。 大卫 认识 小文， 想 做 她 的 男朋友。 他 想

gěi Xiǎowén dǎ diànhuà, qǐng tā kàn diànyǐng.
（　　）小文（　　　　），请 她 看 电影。

2. 根据短文内容连线。

Match the two parts of the sentences according to the passage.

Ōuwén 欧文	xiǎng zhǎo Zhōngguó nǚpéngyou 想 找 中国 女朋友
	yǒu yí gè Zhōngguó nǚpéngyou 有 一 个 中国 女朋友
Dàwèi 大卫	xiǎng gěi Xiǎowén dǎ diànhuà 想 给 小文 打 电话
	Hànyǔ hěn hǎo 汉语 很 好
	xiǎng zuò Xiǎowén de nánpéngyou 想 做 小文 的 男朋友

选词填空 Choose a word to fill in each blank

yào　xiǎng　kěyǐ
要　想　可以

Wǒ hěn ______ jiàn nǐ, nǐ yǒu kòngr ma?
（1）我很 ______ 见你，你有空儿吗？

Wǒ de shǒujī méi diàn le, ______ jiè yíxià nǐ de shǒujī ma?
（2）我的手机没电了，______ 借一下你的手机吗？

Wǒ bù xǐhuan tā, bù ______ gěi tā dǎ diànhuà.
（3）我不喜欢他，不 ______ 给他打电话。

Wǒ è le, ______ chī fàn.
（4）我饿了，______ 吃饭。

想一想，本课你学到了哪些有用的词语和格式？请写在下面。

Think about the useful words and sentence patterns you have learned in this lesson and write them down below.

词语 Words：

句子 Sentence patterns：

Dì-sì kè Nǐ xiǎng yào nǎ jiàn?

第四课 你想要哪件？

Lesson 4 Which one do you want?

本课目标 Goals of the lesson

1. 功能 Functions：
   （1）谈论商品颜色、尺寸和价格
   To talk about the color, size, and price of a commodity
   （2）询问商品的不同尺寸和颜色
   To ask about the different sizes and colors of commodities
   （3）讨价还价 To bargain over the price
2. 语言点 Language points：
   （1）量词小结 Summary of measure words
   （2）"的"字结构 The 的-structure

一、热身 Warm-up

回答问题。

Answer the questions.

Nǐ xǐhuan mǎi dōngxi ma?
1. 你 喜欢 买 东西 吗？
Do you like shopping?

Nǐ chángcháng qù nǎr mǎi dōngxi?
2. 你 常常 去 哪儿 买 东西？
Where do you often go shopping?

Nǐ chángcháng hé shéi yìqǐ mǎi dōngxi?
3. 你 常常 和 谁 一起 买 东西？
Whom do you often go shopping with?

二、词语 New words

1	买	mǎi	V	to buy	买书
2	衣服	yīfu	N	clothes	我的衣服
3	件	jiàn	M	(*a measure word for particular items*) piece	两件衣服
4	衬衫	chènshān	N	shirt	买衬衫
5	色 颜色	sè yánsè	N N	color color	红色 衣服的颜色
6	黑	hēi	A	black	黑色
7	蓝	lán	A	blue	蓝色
8	红	hóng	A	red	红衬衫
9	试	shì	V	to try	试一下
10	穿	chuān	V	to wear	穿衣服
11	号	hào	N	size	大号
12	觉得	juéde	V	to think, to feel	觉得怎么样
13	合适	héshì	A	suitable	很合适
14	不太	bú tài		not very	不太好
15	双	shuāng	M	pair	两双
16	鞋	xié	N	shoe(s)	一双鞋
17	贵	guì	A	expensive	不太贵
18	大小	dàxiǎo	N	size	大小合适
19	不错	búcuò	A	not bad, good	很不错

选用以上词语填空 Choose a word from above to fill in each blank

Qǐngwèn, zhè ( ) chènshān duōshao qián?
(1) 请问，这（ ）衬衫 多少 钱？

Wǒ xiǎng mǎi yì shuāng ( ).
(2) 我 想 买 一 双 （ ）。

Wǒ ( ) zhège cài bù hǎochī.
(3) 我（ ）这个 菜 不 好吃。

Wǒ xǐhuan hóngsè, nǐ xǐhuan shénme ?
（4）我 喜欢 红色，你 喜欢 什么（　　　）？

Shénme? 500 kuài? Tài le!
（5）什么？ 500 块？ 太（　　　）了！

三、语言点 Language points

量词小结 Summary of measure words

汉语中表达一定数量的名词之前一般都有量词，位于数词和名词之间。不同特点的名词搭配不同的量词，具有某些相似特点的名词搭配同样的量词。

In Chinese, a measure word is usually used between a numeral and a noun to indicate a certain number or amount. Nouns with different characteristics match different measure words, and nouns with some similar characteristics collocate with the same measure words.

例 For example：

yí gè rén/ píngguǒ
一个人/ 苹果

yì zhī māo / gǒu
一只 猫 / 狗

yí jiàn yīfu / chènshān
一件 衣服/ 衬衫

yì shuāng xié
一 双 鞋

yì jiā shūdiàn / fàndiàn
一家 书店 / 饭店

“的”字结构 The 的-structure

名词、人称代词、形容词后面加助词“的”，可以构成“的”字结构，省略名词，相当于一个名词。

Nouns, personal pronouns and adjectives can be followed by the particle “的” to form a 的-structure and act as a noun on its own, without any noun following it.

例 For example：

Zhè shuāng xié yǒu hēi de ma ? hēi de hēi de yánsè
（1）这 双 鞋 有 黑 的 吗？（黑 的 = 黑 的 颜色）

Wǒ de shǒujī shì Píngguǒ de . Píngguǒ de Píngguǒ shǒujī
（2）我 的 手机 是 苹果 的。（苹果 的 = 苹果 手机）

Zhè jiàn yīfu bú shì wǒ de, shì tā de. tā de tā de yīfu
（3）这 件 衣服 不 是 我 的，是 他 的。（他 的 = 他 的 衣服）

◎ 活动 Activity

两人一组根据图片内容模仿范例对话。

Work in pairs. Make conversations based on the pictures after the example.

例 For example:

Qǐngwèn, zhè tiáo kùzi hái yǒu shénme yánsè de?
A：请问，这条裤子还有什么颜色的？

Hái yǒu báisè de hé lǜsè de.
B：还有白色的和绿色的。

Wǒ kěyǐ shì yíxià lǜsè de ma?
A：我可以试一下绿色的吗？

Kěyǐ. Nín chuān shénme hào de?
B：可以。您穿什么号的？

Wǒ chuān xiǎo hào de.
A：我穿小号的。

Hǎo de, gěi nín.
B：好的，给您。

Xièxie!
A：谢谢！

Bú kèqi!
B：不客气！

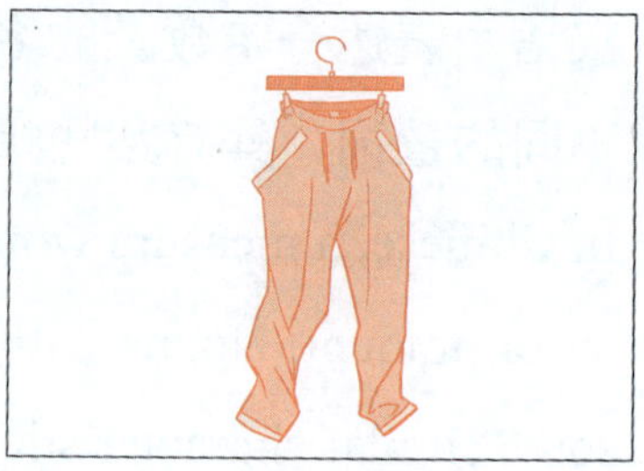

kùzi
裤子（pants）

báisè de 白色的（white） lǜsè de 绿色的（green）

1.

Qǐngwèn, zhè ________ chènshān hái yǒu shénme yánsè de?
A：请问，这 ________ 衬衫还有什么颜色的？

Hái yǒu ________ hé ________.
B：还有 ________ 和 ________。

Wǒ kěyǐ shì yíxià ________ ma?
A：我可以试一下 ________ 吗？

Kěyǐ. Nín chuān shénme hào de?
B：可以。您穿什么号的？

Wǒ chuān ________ de.
A：我穿 ________ 的。

chènshān
衬衫

hóngsè de 红色的 lánsè de 蓝色的

Hǎo de, gěi nín.
B：好的，给您。

Xièxie!
A：谢谢！

Bú kèqi!
B：不客气！

2.

Qǐngwèn, zhè ______ xié hái yǒu shénme yánsè de?
A：请问，这 ______ 鞋还有什么颜色的？

Hái yǒu ______ hé ______.
B：还有 ______ 和 ______。

Wǒ kěyǐ shì yíxià ______ ma?
A：我可以试一下 ______ 吗？

Kěyǐ. Nín chuān shénme hào de?
B：可以。您穿什么号的？

Wǒ chuān ______ de.
A：我穿 ______ 的。

Hǎo de, gěi nín.
B：好的，给您。

Xièxie!
A：谢谢！

Bú kèqi!
B：不客气！

xié
鞋

hēisè de　lánsè de
黑色的　蓝色的

四、课文（一）Text (1)

04-1

听录音，判断对错

Listen to the recording and decide whether the following statements are true or false

Nán de xiǎng mǎi yīfu.
（1）男的想买衣服。（　　）

Chènshān méiyǒu hēisè de.
(2) 衬衫 没有 黑色 的。(　　)

Nán de shì dà hào de.
(3) 男 的 试 大 号 的。(　　)

Nán de juéde dōu héshì.
(4) 男 的 觉得 都 合适。(　　)

听录音，回答问题 Listen to the recording and answer the questions

Nán de xiǎng mǎi shénme yīfu?
(1) 男 的 想 买 什么 衣服？

Chènshān yǒu shénme yánsè de?
(2) 衬衫 有 什么 颜色 的？

Nán de chuān shénme hào de?
(3) 男 的 穿 什么 号 的？

Tā wèi shénme méi mǎi?
(4) 他 为 什么 没 买？

分角色朗读下面的对话 Role-play the dialogue

Yíngyèyuán: Xiānsheng, nín xiǎng mǎi shénme yīfu?
营业员：先生，您 想 买 什么 衣服？

Tiánzhōng: Wǒ xiǎng mǎi yí jiàn chènshān.
田中：我 想 买 一 件 衬衫。

Yíngyèyuán: Hǎo de, wǒmen yǒu hēisè de, hóngsè de hé lánsè de, nín kěyǐ dōu shì yíxià.
营业员：好 的，我们 有 黑色 的、红色 的 和 蓝色 的，您 可以 都 试 一下。

Tiánzhōng: Wǒ xiǎng shì yíxià hēisè de hé hóngsè de.
田中：我 想 试 一下 黑色 的 和 红色 的。

Yíngyèyuán: Hǎo de, nín chuān shénme hào de?
营业员：好 的，您 穿 什么 号 的？

Tiánzhōng: Wǒ chuān dà hào de.
田中：我穿大号的。

Yíngyèyuán: Gěi nín.
营业员：给您。

Tiánzhōng: Xièxie.
田中：谢谢。

……

Yíngyèyuán: Zěnmeyàng? Nín juéde nǎ jiàn héshì?
营业员：怎么样？您觉得哪件合适？

Tiánzhōng: Wǒ juéde dōu bú tài héshì. Xièxie.
田中：我觉得都不太合适。谢谢。

Yíngyèyuán: Bú kèqi!
营业员：不客气！

五、课文（二）Text (2)

04-2

听录音，回答问题 Listen to the recording and answer the questions

Nǚ de xiǎng mǎi shénme?
（1）女的想买什么？

Nǚ de xiǎng shì chuān shénme yánsè de?
（2）女的想试穿什么颜色的？

Nǚ de juéde zhè shuāng xié zěnmeyàng?
（3）女的觉得这双鞋怎么样？

Nǚ de yòng duōshao qián mǎi zhè shuāng xié?
（4）女的用多少钱买这双鞋？

分角色朗读下面的对话 Role-play the dialogue

Měijīng: Qǐngwèn, zhè shuāng xié yǒu méiyǒu lánsè de?
美京：请问，这双鞋有没有蓝色的？

Yíngyèyuán: Méiyǒu lán de, zhǐ yǒu hēi de.
营业员：没有蓝的，只有黑的。

Měijīng: Wǒ kěyǐ shì yíxià hēi de ma?
美京：我可以试一下黑的吗？

Yíngyèyuán: Kěyǐ. Nín chuān duō dà hào de?
营业员：可以。您穿多大号的？

Měijīng: Wǒ chuān 38 hào de.
美京：我穿38号的。

Yíngyèyuán: Hǎo de, qǐng děng yíxià. … Gěi nín.
营业员：好的，请等一下。……给您。

Měijīng: Xièxie. … Zhè shuāng xié dàxiǎo hěn héshì, yánsè yě búcuò.
美京：谢谢。……这双鞋大小很合适，颜色也不错。

Duōshao qián?
多少钱？

Yíngyèyuán: 450 kuài.
营业员：450块。

Měijīng: Tài guì le, kěyǐ piányi yìdiǎnr ma?
美京：太贵了，可以便宜一点儿吗？

Yíngyèyuán: Kěyǐ, 400 kuài zěnmeyàng?
营业员：可以，400块怎么样？

Měijīng: Zài piányi yìdiǎnr ba! 350 zěnmeyàng?
美京：再便宜一点儿吧！350怎么样？

Yíngyèyuán: Xíng. Nín hái xiǎng mǎi shénme?
营业员：行。您还想买什么？

六、活动 Activities

角色扮演 Role-play

两人一组，一人扮演顾客，买衬衫或者鞋子，向服务员询问颜色、价格，并讨价还价；另一人扮演服务员，询问顾客的衣服尺码、是否喜欢等等。

Work in pairs. One person acts as a customer, asking about the color and price of a shirt or a pair of shoes and bargain with the shop assistant. The other person acts as a shop assistant, asking about the size the customer wears and whether he/she likes it, etc.

例 For example：

Xiǎojiě / Xiānsheng, qǐngwèn nín xiǎng mǎi shénme?
A：小姐 / 先生，请问您想买什么？

Wǒ xiǎng …
B：我想……

互问互答 Q & A

两人一组，互相问对方买衣服的喜好。例如，是否常常买衣服，喜欢穿什么颜色的衣服，喜欢去哪儿买衣服，等等。

Work in pairs to ask each other's shopping preferences regarding clothes, asking the other party whether he/she often goes shopping for clothes, what colors of clothes he/she likes, where he/she likes to shop for clothes, etc.

例 For example：

Nǐ xǐhuan … ?
A：你喜欢……？

Wǒ xǐhuan …
B：我喜欢……

七、拓展练习 Extended exercises

听力练习 Listening 04-3

1. 听录音，判断对错。

Listen to the recording and decide whether the statements are true or false.

Nán de xiǎng mǎi píngguǒ.
(1) 男 的 想 买 苹果。(　　)

Nán de xiǎng mǎi shǒujī.
(2) 男 的 想 买 手机。(　　)

Zhǐ yǒu hēisè de shǒujī.
(3) 只 有 黑色 的 手机。(　　)

Nán de juéde shǒujī hěn piányi.
(4) 男 的 觉得 手机 很 便宜。(　　)

2. 听录音，回答问题。

Listen to the recording and answer the questions.

Nán de xiǎng mǎi shénme shǒujī?
1. 男 的 想 买 什么 手机？

Nán de xiǎng mǎi shénme yánsè de?
2. 男 的 想 买 什么 颜色 的？

Nán de wèi shénme xǐhuan zhège shǒujī?
3. 男 的 为 什么 喜欢 这个 手机？

Shǒujī duōshao qián?
4. 手机 多少 钱？

阅读练习 Reading

1. 根据拼音填写汉字。

Write characters according to the *pinyin*.

Lǐ Měijīng, Huáng Wénlì hé Hǎilún shì hǎo péngyou, tāmen píngshí chángcháng yìqǐ xuéxí,
李 美京、 黄 文丽 和 海伦 是 好 朋友， 她们 平时 常常 一起 学习，

zhōumò yǒushíhou yìqǐ kàn diànyǐng, yìqǐ hē kāfēi. Zhège xīngqītiān, tāmen yìqǐ qù mǎi
周末 有时候 一起 看 电影， 一起 喝 咖啡。 这个 星期天， 她们 一起 去 买

yīfu. Lǐ Měijīng xiǎng mǎi chènshān, tā bù zhīdào mǎi shénme yánsè de, huángsè
(　　)。李美京想买(　　)，她不知道买什么颜色的，黄色(yellow)

de nà jiàn, tā juéde tài dà le, hóngsè de nà jiàn, tā juéde búcuó. Huáng Wénlì xiǎng
的那件，她(　　)太大了，红色的那件，她觉得(　　)。黄文丽想

mǎi yì tiáo kùzi, tā xǐhuan nà tiáo hēisè de, kěshì juéde tài guì le, xiǎng mǎi nà tiáo lánsè de,
买一条裤子，她喜欢那条黑色的，可是觉得太贵了，想买那条蓝色的，

yòu juéde dàxiǎo bù héshì. Hǎilún mǎile yì shuāng báisè de xié, hěn hǎokàn, yě bú guì,
又觉得大小不(　　)。海伦买了一(　　)白色的鞋，很好看，也不贵，

tā hěn gāoxìng.
她很高兴。

2. 根据短文内容选择。

Choose the right answers according to the passage.

Tāmen sān gè rén zhōumò yìqǐ zuò shénme?
1. 她们三个人周末一起做什么？(　　)

A. chángcháng yìqǐ mǎi yīfu
常常一起买衣服

B. yǒushíhou yìqǐ kàn diànyǐng
有时候一起看电影

C. yǒushíhou yìqǐ dǎ qiú
有时候一起打球

Lǐ Měijīng wèi shénme bù mǎi nà jiàn huángsè de chènshān?
2. 李美京为什么不买那件黄色的衬衫？(　　)

A. tā juéde tài dà le
她觉得太大了

B. tā juéde bú piàoliang
她觉得不漂亮

C. tā juéde tài guì le
她觉得太贵了

Huáng Wénlì wèi shénme bù mǎi nà tiáo lánsè de kùzi?
3. 黄文丽为什么不买那条蓝色的裤子？(　　)

A. tā juéde tài dà
她觉得太大

B. tā juéde bù héshì
她觉得不合适

C. tā juéde tài guì le
她觉得太贵了

Hǎilún mǎi de xié zěnmeyàng?
4. 海伦买的鞋怎么样？(　　)

A. dàxiǎo héshì, bú tài piàoliang
大小合适，不太漂亮

B. piányi, dàxiǎo bú tài héshì
便宜，大小不太合适

C. hěn héshì, piàoliang, yě bú guì
很合适，漂亮，也不贵

选词填空 Choose a word to fill in each blank

hào 号　yìdiǎnr 一点儿　yìqǐ 一起　yíxià 一下

Zhè jiàn yīfu tài dà le, yǒu xiǎo ______ de ma?
(1) 这件衣服太大了，有小 ______ 的吗？

Wǒmen míngtiān ______ qù kàn diànyǐng, hǎo ma?
(2) 我们明天 ______ 去看电影，好吗？

Wǒ shì ______ zhè jiàn chènshān, kěyǐ ma?
(3) 我试 ______ 这件衬衫，可以吗？

Tài guì le, kěyǐ piányi ______ ma?
(4) 太贵了，可以便宜 ______ 吗？

想一想，本课你学到了哪些有用的词语和格式？请写在下面。

Think about the useful words and sentence patterns you have learned in this lesson and write them down below.

词语 Words：

句子 Sentence patterns：

Dì-wǔ kè Nǐ zhège zhōumò shénme shíhou yǒu kòngr?

第五课 你这个周末什么时候有空儿？

Lesson 5 When will you be free this weekend?

本课目标 Goals of the lesson

1. 功能 Functions：
   (1) 问候很久没见的朋友
   To greet a friend one hasn't seen for a long time
   (2) 寻求帮助 To ask for help
   (3) 电话约会 To ask somebody out over the phone
2. 语言点 Language points：
   (1) 介词短语 Prepositional phrases
   (2) "有点儿" 和 "(一) 点儿" "有点儿" and "(一) 点儿"

一、热身 Warm-up

回答问题。

Answer the questions.

Nǐ chángcháng gěi péngyou dǎ diànhuà ma?
1. 你 常常 给 朋友 打 电话 吗？
Do you often call your friends?

Nǐ kěyǐ yòng Hànyǔ dǎ diànhuà ma?
2. 你 可以 用 汉语 打 电话 吗？
Can you make a phone call in Chinese?

Zài shénme qíngkuàng xià, nǐ huì dǎ diànhuà xiàng péngyou qiúzhù?
3. 在 什么 情况 下，你 会 打 电话 向 朋友 求助？
Under what circumstances will you call your friend for help?

二、词语 New words

1	喂	wèi	Int	hello (on the phone)	喂，请问是大卫吗？
2	位	wèi	M	*a measure word for people*	一位
3	忙	máng	A	busy	很忙
4	有点儿	yǒudiǎnr	Adv	a bit	有点儿忙
5	考试	kǎoshì	V N	to take an exam exam	不考试 汉语考试
6	HSK		PN	Chinese Proficiency Test	HSK考试
7	帮	bāng	V	to help	帮朋友
8	准备	zhǔnbèi	V	to prepare	准备考试
9	时候	shíhou	N	time, moment	什么时候
10	跟	gēn	Prep	with (sb.)	跟朋友一起
11	上午	shàngwǔ	N	morning	上午好
12	下午	xiàwǔ	N	afternoon	今天下午
13	参加	cānjiā	V	to attend, to participate in	参加比赛
14	比赛	bǐsài	N	match, game	篮球比赛
15	图书馆	túshūguǎn	N	library	去图书馆
16	难	nán	A	difficult	不太难
17	昨天	zuótiān	N	yesterday	昨天上午
18	东西	dōngxi	N	stuff, thing	吃东西
19	旅行	lǚxíng	V	to travel	去旅行
20	不好意思	bù hǎoyìsi		(to be) sorry, to feel embarrassed	很不好意思

选用以上词语填空 Choose a word from above to fill in each blank

Wǒ zhōumò chángcháng qù mǎi ______.
（1）我 周末 常常 去买（　　　）。

Wǒ míngtiān cānjiā lánqiú ______.
（2）我 明天 参加 篮球（　　　）。

Jīntiān de kǎoshì hěn
（3）今天 的 考试 很（　　　）。

Míngtiān yǒu kǎoshì, wǒ jīntiān zài jiā 　　　yíxià.
（4）明天 有 考试，我 今天 在 家（　　　）一下。

Wǒ xǐhuan 　　　, jīnnián xiǎng qù Yīngguó.
（5）我 喜欢（　　　），今年 想 去 英国。

三、语言点 Language points

介词短语 Prepositional phrases

介词“跟、给”与它的宾语组成介词结构放在动词前面，表示主语实现动作或行为的方式或对象。

The preposition “跟” or “给” is usually followed by its object, forming a prepositional phrase which precedes the verb in a sentence, indicating the manner or target of the subject’s action or behavior.

例 For example：

Tā xīngqītiān yào gēn nǚpéngyou yìqǐ chī fàn.
他 星期天 要 跟 女朋友 一起 吃 饭。

Wǒ měi gè xīngqī gěi māma dǎ diànhuà.
我 每 个 星期 给 妈妈 打 电话。

Nǐ gēn wǒ lái.
你 跟 我来。

“有点儿”与“(一)点儿” “有点儿” and “(一)点儿”

“有点儿”后跟形容词或心理动词（如想、觉得），表示程度较低，常用来表示消极的感受或评价。

“有点儿” is followed by certain adjectives or psychological verbs (such as “想” or “觉得”) to indicate a low degree, often used to indicate negative feelings or comments.

例 For example：

Wǒ juéde Hànzì yǒudiǎnr nán.
我 觉得 汉字 有点儿 难。

Jīntiān de zuòyè yǒudiǎnr duō.
今天 的 作业 有点儿 多。

Wǒ méi chī zǎofàn, xiànzài yǒudiǎnr è.
我 没 吃 早饭，现在 有点儿饿。

"(一) 点儿"常有以下两种用法"(一) 点儿" often has the following two usages

(1) 置于形容词后，表示祈使语气。

It is used after an adjective to indicate an imperative tone.

例 For example：

Nǐ kuài (yì) diǎnr!
你 快 (一) 点儿！

Qǐng màn (yì) diǎnr!
请 慢 (一) 点儿！

Piányi (yì) diǎnr ba!
便宜 (一) 点儿 吧！

(2) 常表示宾语的数量或动作的程度，置于动词后，名词前。

It is often used to indicate the quantity of the object or the degree of the action, and is put after the verb and before the noun.

例 For example：

Wǒ hē yì diǎnr chá.
我 喝 (一) 点儿 茶。

Wǒ chī yì diǎnr dōngxi.
我 吃 (一) 点儿 东西。

Wǒ xiǎng mǎi yì diǎnr píngguǒ.
我 想 买 (一) 点儿 苹果。

◎ 活动 Activities

1. 把下面的词语写在相应的图片下面，然后仿照例子，两人一组，看图问答。

Write the following words under the corresponding pictures, and then work in pairs to ask and answer questions after the example.

例 For example：

lǚxíng　chī fàn
旅行　吃 饭

（1）

chī fàn
吃饭

Nǐ zhōumò yào zuò shénme?
A：你 周末 要 做 什么？

Gēn péngyou yìqǐ chī fàn.
B：跟 朋友 一起 吃 饭。

（2）

lǚxíng
旅行

Nǐ zhōumò yào zuò shénme?
A：你 周末 要 做 什么？

Wǒ yào gēn tóngxué yìqǐ lǚxíng.
B：我 要 跟 同学（classmate）一起 旅行。

qù túshūguǎn　dǎ lánqiú　mǎi yīfu
词语：去 图书馆　打 篮球　买 衣服

____

____

____

2. 两人一组用“有点儿”补足对话。

Work in pairs to complete the dialogues using “有点儿” after the example.

例 For example：

Nǐ juéde Hànyǔ nán ma?
A：你 觉得 汉语 难 吗？

Wǒ juéde Hànyǔ yǒudiǎnr nán.
B：我 觉得 汉语 有点儿 难。

Zuótiān de kǎoshì nán ma?
（1）A：昨天 的 考试 难 吗？

B：________________。

Jīntiān de cài hǎochī ma?
（2）A：今天 的 菜 好吃 吗？

B：________________。

Nǐ juéde zhèr de yīfu guì bú guì?
（3）A：你 觉得 这儿 的 衣服 贵 不 贵？

B：________________。

Nǐ è bú è?
（4）A：你 饿 不 饿？

B：________________。

四、课文（一） Text (1)

05-1

听录音，判断对错

Listen to the recording and decide whether the following statements are true or false

Xiǎomíng zhōumò bù máng.
（1） 小明 周末 不 忙。（ ）

Kǎmǎlā xià gè xīngqī yǒu kǎoshì.
（2）卡玛拉 下 个 星期 有 考试。（ ）

Xiǎomíng xīngqītiān méiyǒu kòngr.
（3） 小明 星期天 没有 空儿。（ ）

Tāmen xīngqīliù xiàwǔ zài túshūguǎn jiàn.
（4） 他们 星期六 下午 在 图书馆 见。（ ）

听录音，回答问题 Listen to the recording and answer the questions

Kǎmǎlā xià gè xīngqī yào zuò shénme?
（1）卡玛拉 下 个 星期 要 做 什么？

Kǎmǎlā wèi shénme gěi Xiǎomíng dǎ diànhuà?
（2）卡玛拉 为 什么 给 小明 打 电话？

Xiǎomíng xīngqītiān yào zuò shénme?
（3） 小明 星期天 要 做 什么？

Tāmen xīngqīliù jǐ diǎn jiàn?
（4） 他们 星期六 几 点 见？

分角色朗读下面的对话 Role-play the dialogue

Kǎmǎlā gěi Gāo Xiǎomíng dǎ diànhuà ···
卡玛拉给 高 小明 打 电话……

Kamala calls Gao Xiaoming on the phone...

Kǎmǎlā: Wèi, nǐ hǎo! Shì Gāo Xiǎomíng ma?
卡玛拉： 喂，你 好！ 是 高 小明 吗？

Gāo Xiǎomíng: Wǒ shì, nín nǎ wèi?
高 小明：我 是，您 哪 位？

Kǎmǎlā: Wǒ shì Kǎmǎlā.
卡玛拉： 我 是 卡玛拉。

Gāo Xiǎomíng: Kǎmǎlā, nǐ hǎo!
高 小明：卡玛拉，你 好！

Kǎmǎlā: Xiǎomíng, zhège zhōumò nǐ máng bù máng?
卡玛拉： 小明，这个 周末 你 忙 不 忙？

Gāo Xiǎomíng: Yǒudiǎnr máng. Shénme shì?
高 小明：有点儿 忙。 什么 事？

Kǎmǎlā: Wǒ xià gè xīngqī yǒu HSK kǎoshì, bù zhīdào zěnme zhǔnbèi.
卡玛拉： 我 下 个 星期 有 HSK 考试，不 知道 怎么 准备。

Nǐ kěyǐ bāng wǒ ma?
你 可以 帮 我 吗？

Gāo Xiǎomíng: Méi wèntí.
高 小明：没 问题。

Kǎmǎlā: Tài hǎo le. Nǐ zhōumò shénme shíhou yǒu kòngr?
卡玛拉：太 好 了。你 周末 什么 时候 有 空儿？

Gāo Xiǎomíng: Wǒ xiǎng yíxià, xīngqīwǔ wǎnshang wǒ yào gēn péngyou yìqǐ chī fàn, xīngqīliù shàngwǔ wǒ yào gēn péngyou dǎ lánqiú, xīngqītiān yào cānjiā lánqiú bǐsài, wǒ zhǐ yǒu xīngqīliù xiàwǔ yǒu kòngr.
高 小明：我 想 一下，星期五 晚上 我 要 跟 朋友 一起 吃 饭，星期六 上午 我 要 跟 朋友 打 篮球，星期天 要 参加 篮球 比赛，我 只 有 星期六 下午 有 空儿。

Kǎmǎlā: Nà wǒmen xīngqīliù xiàwǔ sān diǎn zài túshūguǎn jiàn ba!
卡玛拉：那 我们 星期六 下午 三 点 在 图书馆 见 吧！

Gāo Xiǎomíng: Hǎo! Xīngqīliù xiàwǔ jiàn!
高 小明：好！星期六 下午 见！

五、课文（二）Text (2)

05-2

听录音，回答问题 Listen to the recording and answer the questions

Shéi gěi shéi dǎ diànhuà?
（1）谁 给 谁 打 电话？

Kǎmǎlā juéde HSK kǎoshì nán bù nán?
（2）卡玛拉 觉得 HSK 考试 难 不 难？

Kǎmǎlā xiǎng zuò shénme?
（3）卡玛拉 想 做 什么？

Xiǎomíng xīngqīliù yào zuò shénme?
（4）小明 星期六 要 做 什么？

分角色朗读下面的对话 Role-play the dialogue

Dì-èr gè xīngqī, Kǎmǎlā zài cì gěi Gāo Xiǎomíng dǎ diànhuà ⋯
第二个星期，卡玛拉再次给高小明打电话……

The next week, Kamala calls Gao Xiaoming again...

Kǎmǎlā: Wèi, shì Xiǎomíng ma?
卡玛拉：喂，是小明吗？

Gāo Xiǎomíng: Wǒ shì, shì Kǎmǎlā ma?
高小明：我是，是卡玛拉吗？

Kǎmǎlā: Shì, nǐ hǎo!
卡玛拉：是，你好！

Gāo Xiǎomíng: Nǐ hǎo! Nǐ de HSK kǎoshì zěnmeyàng? nán bù nán?
高小明：你好！你的HSK考试怎么样？难不难？

Kǎmǎlā: Bú tài nán. Xièxie nǐ bāng wǒ.
卡玛拉：不太难。谢谢你帮我。

Gāo Xiǎomíng: Bú kèqi!
高小明：不客气！

Kǎmǎlā: Nǐ míngtiān wǎnshang yǒu kòngr ma? Wǒmen yìqǐ hē kāfēi.
卡玛拉：你明天晚上有空儿吗？我们一起喝咖啡。

Gāo Xiǎomíng: Míngtiān wǎnshang bù xíng, wǒ yào gēn péngyou qù chāoshì.
高小明：明天晚上不行，我要跟朋友去超市。

Kǎmǎlā: Nà xīngqīliù zěnmeyàng?
卡玛拉：那星期六怎么样？

Gāo Xiǎomíng: Xīngqīliù yě bù xíng, wǒ yào gēn péngyou yìqǐ lǚxíng.
高小明：星期六也不行，我要跟朋友一起旅行。

Kǎmǎlā: Nà xià cì ba! Wǒ xià gè xīngqī zài gěi nǐ dǎ diànhuà!
卡玛拉：那下次吧！我下个星期再给你打电话！

Gāo Xiǎomíng: Kěyǐ, bù hǎoyìsi!
高小明：可以，不好意思！

六、活动 Activities

互问互答 Q & A

两人一组，模仿范例互相询问各自的生活喜好和习惯并用拼音记录回答，然后向全班介绍对方的情况。

Work in pairs to ask each other the following questions after the example and take down the answers in *pinyin*. Then report your partner's habits to the class.

例 For example：

Nǐ xǐhuan yí gè rén lǚxíng háishi gēn biérén yìqǐ lǚxíng?
A：你 喜欢 一个 人 旅行 还是 跟 别人 一起 旅行？

Wǒ xǐhuan gēn biérén yìqǐ lǚxíng. Yǒushíhou wǒ yí gè rén lǚxíng.
B：我 喜欢 跟 别人 一起 旅行。 有时候 我 一 个 人 旅行。

Nǐ xǐhuan gēn biérén yìqǐ chī fàn háishi yí gè rén chī fàn?
1. 你 喜欢 跟 别人 一起 吃 饭 还是 一 个 人 吃 饭？

Nǐ chángcháng yí gè rén mǎi dōngxi háishi gēn péngyou yìqǐ?
2. 你 常常 一 个 人 买 东西 还是 跟 朋友 一起？

Nǐ zhōumò chángcháng gēn péngyou jiàn miàn ma?
3. 你 周末 常常 跟 朋友 见面 吗？

Nǐ xǐhuan gēn péngyou liáo tiānr ma?
4. 你 喜欢 跟 朋友 聊天儿 吗？

Nǐ chángcháng gěi péngyou / bàba māma dǎ diànhuà ma?
5. 你 常常 给 朋友 / 爸爸 妈妈 打 电话 吗？

情景模拟 Simulation

两人一组，互相问对方的手机号码并记下来，然后给对方打电话，希望周末跟他一起做一件事，约定见面的时间、地点。然后在全班表演。

Work in pairs and ask your partner's mobile phone number and take it down. Then call your partner to invite him/her to do something with you in the coming weekend, deciding on a time and venue through discussions. Then act it out in class.

例 For example：

Wèi, shì … ma?
A：喂，是……吗？

shì, nín nǎ wèi?
B：是，您哪位？

……

七、拓展练习 Extended exercises

听力练习 Listening 05-3

1. 听录音，判断对错。

Listen to the recording and decide whether the following statements are true or false.

Nán de gěi nǚ de dǎ diànhuà.
（1）男的给女的打电话。（ ）

Nǚ de xià gè xīngqī yào cānjiā chàng gē bǐsài.
（2）女的下个星期要参加唱歌比赛。（ ）

Nán de xià gè xīngqīsān wǎnshang yǒu kòngr.
（3）男的下个星期三晚上有空儿。（ ）

Nǚ de qǐng nán de cānjiā bǐsài.
（4）女的请男的参加比赛。（ ）

2. 听录音，选择填空。

Listen to the recording and choose the right answers.

Nǚ de xià gè xīngqīsān ______ yào cānjiā chàng gē bǐsài.
1. 女的下个星期三______要参加唱歌比赛。

A. wǎnshang 7 diǎn 晚上7点　B. wǎnshang 8 diǎn 晚上8点　C. xiàwǔ 5 diǎn 下午5点

Nǚ de yòng ______ chàng gē.
2. 女的用______唱歌。

A. Yīngyǔ 英语　B. Hànyǔ 汉语　C. Fǎyǔ 法语（French）

Nán de hé ______ yìqǐ lái.
3. 男的和______一起来。

A. Xiǎomíng 小明　B. Tiánzhōng 田中　C. Ōuwén 欧文

Xià gè xīngqī _______ qù lǚxíng.
4. 下个星期 _______ 去旅行。

Ōuwén / Tiánzhōng / Xiǎomíng
A. 欧文 B. 田中 C. 小明

阅读练习 Reading

1. 根据拼音填写汉字。

Write characters according to the *pinyin*.

Tiánzhōng yǒu hěn duō péngyou, yǒu zhōngguórén, yīngguórén, hánguórén. Tā chángcháng gēn tāmen yìqǐ wánr. Gāo Xiǎomíng hěn xǐhuan dǎ lánqiú, Tiánzhōng chángcháng gēn tā yìqǐ dǎ; Ōuwén xǐhuan lǚxíng, Tiánzhōng chángcháng gēn tā yìqǐ qù; Měijīng hěn xǐhuan mǎi dōngxi, Tiánzhōng zhōumò gēn tā yìqǐ qù chāoshì; Hǎilún xǐhuan xuéxí, Tiánzhōng yǒu shíhou gēn tā yìqǐ qù túshūguǎn, gēn tā yìqǐ xuéxí Hànyǔ. Tiánzhōng hěn xǐhuan tāmen.

田中有很多朋友，有中国人、英国人、韩国人。他常常(　　)他们一起玩儿(to play)。高小明很喜欢打篮球，田中常常跟他一起打；欧文喜欢(　　)，田中常常跟他一起去；美京很喜欢买(　　)，田中周末跟她一起去超市；海伦喜欢学习，田中有时候跟她一起去(　　)，跟她一起学习汉语。田中很喜欢他们。

2. 根据短文内容连线。

Match the two parts of the sentences according to the passage.

Tiánzhōng 田中	chángcháng gēn Tiánzhōng yìqǐ lǚxíng 常常跟田中一起旅行
Měijīng 美京	xǐhuan xuéxí 喜欢学习
Ōuwén 欧文	zhōumò gēn Tiánzhōng mǎi dōngxi 周末跟田中买东西
Hǎilún 海伦	xǐhuan dǎ lánqiú 喜欢打篮球
Gāo Xiǎomíng 高小明	hěn xǐhuan tā de péngyoumen 很喜欢他的朋友们

选词填空 Choose a word to fill in each blank

gēn　yìqǐ　gěi
跟　一起　给

Wǒ chángcháng ________ lǎoshī xiě e-mail.
（1）我 常常 ________ 老师 写 e-mail。

Wǒ xià gè yuè yào ________ péngyou yìqǐ lǚxíng.
（2）我下个月要 ________ 朋友 一起旅行。

Wǒ chángcháng gēn péngyoumen ________ chī fàn.
（3）我 常常 跟 朋友们 ________ 吃饭。

yìdiǎnr　yǒudiǎnr
一点儿　有点儿

500 kuài? Tài guì le, kěyǐ piányi ________ ma?
（1）500块？太贵了，可以便宜 ________ 吗？

Wǒ zuìjìn ________ máng.
（2）我最近 ________ 忙。

Wǒ zhīdào ________ tā de shì.
（3）我知道 ________ 他的事。

想一想，本课你学到了哪些有用的词语和格式？请写在下面。

Think about the useful words and sentence patterns you have learned in this lesson and write them down below.

词语 Words：

句子 Sentence patterns：

Dì-liù kè Shàng gè zhōumò nǐ zuò shénme le?

第六课 上个周末你做什么了?

Lesson 6 What did you do last weekend?

本课目标 Goals of the lesson

1. 功能 Functions：
   （1）交流周末活动
   To exchange weekend activities
   （2）简单描述博物馆或公园
   To make a brief description of a museum/park
2. 语言点 Language points：
   （1）"了" 表完成 "了" indicating completion
   （2）主谓谓语句 The S-P predicate sentence

一、热身 Warm-up

回答问题。

Answer the questions.

Nǐ zhōumò chángcháng yí gè rén zuò shénme?
1. 你 周末 常常 一 个 人 做 什么?
What do you often do on your own on weekends?

Nǐ zhōumò gēn péngyou yìqǐ zuò shénme?
2. 你 周末 跟 朋友 一起 做 什么?
What do you do with your friends on weekends?

Shàng gè zhōumò nǐ zuò shénme le?
3. 上 个 周末 你 做 什么 了?
What did you do last weekend?

二、词语 New words

1	上个	shàng gè	last	上个星期

2	了	le	Pt	*indicating a completed action*	昨天你做什么了？
3	一些	yìxiē	Q	some	一些衣服
4	参观	cānguān	V	to visit (a place)	参观学校
5	博物馆	bówùguǎn	N	museum	参观博物馆
6	公园	gōngyuán	N	park	去公园
7	非常	fēicháng	Adv	very, very much	非常喜欢
8	门票	ménpiào	N	(admission) ticket	买门票
	票	piào	N	ticket	电影票
9	累	lèi	A	tired	非常累
10	看上去	kàn shàngqù	VP	to appear, to seem	看上去很累
11	好玩儿	hǎowánr	A	fun, interesting	很好玩儿
12	风景	fēngjǐng	N	scenery	看风景
13	美	měi	A	beautiful	风景很美
14	空气	kōngqì	N	air	空气很好
15	拍	pāi	V	to take (photos, videos, etc.)	拍照片
16	里	li	N	in, inside	书店里
17	本	běn	M	*a measure word for books*	两本书
18	真	zhēn	Adv	really	真好
19	爱	ài	V	to like, to love	爱汉语

选用以上词语填空 Choose a word from above to fill in each blank

Zuótiān wǒ mǎile dōngxi.
（1）昨天 我 买了（　　　）东西。

Tā jīntiān yǒudiǎnr bù gāoxìng.
（2）他 今天（　　　）有点儿 不 高兴。

Tā hěn tā de nǚpéngyou.
（3）他 很（　　　）他 的 女朋友。

Wǒ yào mǎi jǐ zhōngwénshū.
（4）我 要 买 几（　　　） 中文书。

Nǐ xǐ bù xǐhuan zhàopiàn?
（5）你 喜 不 喜欢（　　　）照片？

三、语言点 Language points

"了"表完成 "了" indicating completion

（1）"了"置于句末，表示介绍过去发生或完成的事件，宾语无特定修饰词。

"了" is used at the end of a sentence to indicate the occurrence or completion of a past event, with the object of the sentence having no specific modifiers.

例 For example：

Nǐ zuótiān mǎi shénme le?
A：你 昨天 买 什么 了？

Wǒ mǎi yīfu le.
B：我 买 衣服 了。

Nǐ zhōumò qù nǎr le?
A：你 周末 去 哪儿 了？

Wǒ qù túshūguǎn le.
B：我 去 图书馆 了。

（2）若动词后跟有具体修饰词的宾语，"了"需置于动词后宾语前，表示动作已经完成或实现。

If the verb is followed by an object with a specific modifier, "了" should be put after the verb and before the object to indicate the action is finished or completed.

例 For example：

Nǐ mǎile shénme yīfu?
A：你 买了 什么 衣服？

Wǒ mǎile yí jiàn chènshān hé yì shuāng xié.
B：我 买了 一 件 衬衫 和 一 双 鞋。

Nǐ kànle shénme diànyǐng?
A：你 看了 什么 电影？

Wǒ kànle yí gè Zhōngguó diànyǐng.
B：我 看了 一 个 中国 电影。

问句形式 Interrogative

针对过去发生或完成事件的提问有三种方式。

There are three ways to ask about a past event.

（1）V (O) + 了 吗？ (le ma?)

Nǐ chī fàn le ma?
你 吃 饭 了 吗？

Nǐ zuótiān dǎ qiú le ma?
你 昨天 打 球 了 吗？

（2）V (O) + 了 没有？ (le méiyǒu?)

Nǐ chī fàn le méiyǒu?
你 吃 饭 了 没有？

Nǐ zuótiān dǎ qiú le méiyǒu?
你 昨天 打 球 了 没有？

méi
（3）V＋ 没 ＋V(O)？

Nǐ chī méi chī fàn?
你 吃 没 吃 饭？

Nǐ zuótiān dǎ méi dǎ qiú?
你 昨天 打 没 打 球？

否定形式 Negative

否定过去事件或动作用“没”，后面不加“了”，因为动作没有发生。

“没” is used to negate the occurrence of an event or action. “了” is not used since the action didn’t happen.

例 For example：

Nǐ jīntiān chī zǎofàn le ma?
A：你 今天 吃 早饭 了 吗？

Wǒ méi chī (zǎofàn).
B：我 没 吃（早饭）。

nǐ zuótiān dǎ qiú le méiyǒu?
A：你 昨天 打 球 了 没有？

Wǒ méi dǎ (qiú).
B：我 没 打（球）。

Nǐ shàng gè xīngqī mǎi méi mǎi yīfu?
A：你 上 个 星期 买 没 买 衣服？

Wǒ méi mǎi (yīfu).
B：我 没 买（衣服）。

主谓谓语句 The S-P predicate sentence

谓语是主谓结构的句子叫主谓谓语句，主语也可看作句子的话题。口头表达时，主语或话题后可稍微停顿。否定时，否定词应置于主谓结构中的谓语前。

The S-P predicate sentence is a sentence with a subject-predicate structure as its predicate, in which the subject can also be considered as the topic of the sentence. In oral expressions, a slight pause can be made after the subject or the topic. In the case of negation, the negative word should precede the predicate of the subject-predicate structure.

例 For example：

Běijīng bówùguǎn hěn duō, guǎngchǎng bù duō.
北京 博物馆 很 多， 广场 不 多。

Nàge bówùguǎn dōngxi hěn duō, rén bù duō.
那个 博物馆 东西 很 多，人 不 多。

Tā Hànyǔ hěn hǎo, Yīngyǔ bù hǎo.
他 汉语 很 好，英语 不 好。

◎ 活动 Activity

两人一组模仿范例，用两种方式对话，根据实际情况回答。

Work in pairs to make conversations in two different ways after the example and answer according to the real situations.

例 For example：

kàn shū
看 书

méi
V + 没 + V (O) ?

Affirmative

Nǐ shàng gè zhōumò kàn méi kàn shū?
A：你 上 个 周末 看 没 看 书？

Kànle.
B：看了。

Nǐ kànle shénme shū?
A：你 看了 什么 书？

Wǒ kànle yīngwénshū.
B：我 看了 英文书。

Negative

Nǐ shàng gè zhōumò kàn méi kàn shū?
A：你 上 个 周末 看 没 看 书？

Méi kàn, wǒ fēicháng máng.
B：没 看，我 非常 忙。

le ma / méiyǒu?
V (O) + 了 吗 / 没有？

Affirmative

Nǐ shàng gè zhōumò kàn shū le ma / méiyǒu?
A：你 上 个 周末 看 书 了 吗 / 没有？

Negative

Nǐ shàng gè zhōumò kàn shū le ma / méiyǒu?
A：你 上 个 周末 看 书 了 吗 / 没有？

Kànle.
B：看了。

Méi kàn, wǒ fēicháng máng.
B：没看，我非常忙。

Nǐ kànle shénme shū?
A：你看了什么书？

Wǒ kànle yīngwénshū.
B：我看了英文书。

1.

hē kāfēi
喝咖啡

2.

kàn diànyǐng
看电影

3.

mǎi dōngxi
买东西

méi
V＋没＋V (O)？

le ma / méiyǒu?
V (O)＋了吗 / 没有？

四、课文（一）Text (1)

06-1

听录音，判断对错

Listen to the recording and decide whether the following statements are true or false

Tiánzhōng shàng gè zhōumò qù mǎi dōngxi le.
（1）田中上个周末去买东西了。（　　）

Tiánzhōng shàng gè zhōumò qù bówùguǎn le.
（2）田中上个周末去博物馆了。（　　）

Bówùguǎn zài Rénmín Gōngyuán fùjìn.
（3）博物馆在人民公园附近。（　　）

Bówùguǎn ménpiào hěn guì.
（4） 博物馆 门票 很 贵。(　　　)

听录音，回答问题 Listen to the recording and answer the questions

Tiánzhōng shàng gè zhōumò mǎile shénme dōngxi?
（1） 田中 上 个 周末 买了 什么 东西?

Hǎilún shàng gè zhōumò zuò shénme le?
（2） 海伦 上 个 周末 做 什么 了?

Bówùguǎn zěnmeyàng?
（3） 博物馆 怎么样?

Tiánzhōng xià gè zhōumò qù nǎr?
（4） 田中 下 个 周末 去 哪儿?

分角色朗读下面的对话 Role-play the dialogue

Hǎilún: Tiánzhōng, shàng gè zhōumò nǐ zuò shénme le?
海伦：田中，上 个 周末 你 做 什么 了?

Tiánzhōng: Wǒ mǎile yìxiē dōngxi.
田中：我 买了 一些 东西。

Hǎilún: Nǐ mǎile shénme?
海伦：你 买了 什么?

Tiánzhōng: Wǒ mǎile jǐ jiàn yīfu hé yì shuāng xié, hái mǎile yìxiē chī de. Hǎilún, nǐ ne?
田中：我 买了 几 件 衣服 和 一 双 鞋，还 买了 一些 吃 的。海伦，你 呢?

Hǎilún: Wǒ cānguān bówùguǎn le.
海伦：我 参观 博物馆 了。

Tiánzhōng: Nǎge bówùguǎn?
田中：哪个 博物馆?

Hǎilún: Rénmín Gōngyuán fùjìn de bówùguǎn.
海伦：人民 公园 附近 的 博物馆。

Tiánzhōng: Zěnmeyàng?
田中：怎么样？

Hǎilún: Nàge bówùguǎn fēicháng dà, yě fēicháng piàoliang, ménpiào yě bú guì.
海伦：那个博物馆非常大，也非常漂亮，门票也不贵。

Tiánzhōng: Xià gè zhōumò wǒ yě qù!
田中：下个周末我也去！

五、课文（二）Text (2)

06-2

听录音，回答问题 Listen to the recording and answer the questions

Kǎmǎlā zhōumò zuò shénme le?
（1）卡玛拉周末做什么了？

Kǎmǎlā juéde gōngyuán zěnmeyàng?
（2）卡玛拉觉得公园怎么样？

Kǎmǎlā zài nǎr pāi zhàopiàn le?
（3）卡玛拉在哪儿拍照片了？

Zhàopiàn zài nǎr?
（4）照片在哪儿？

分角色朗读下面的对话 Role-play the dialogue

Gāo Xiǎomíng: Kǎmǎlā, nǐ kàn shàngqù yǒudiǎnr lèi, zhōumò zuò shénme le?
高小明：卡玛拉，你看上去有点儿累，周末做什么了？

Kǎmǎlā: Wǒ gēn péngyou qù Rénmín Gōngyuán le.
卡玛拉：我跟朋友去人民公园了。

Gāo Xiǎomíng: Zěnmeyàng? Rénmín Gōngyuán hǎowánr ma?
高小明：怎么样？人民公园好玩儿吗？

Kǎmǎlā: Hěn hǎowánr. Nàr fēngjǐng hěn měi, kōngqì fēicháng hǎo, rén hěn duō.
卡玛拉：很好玩儿。那儿风景很美，空气非常好，人很多。

Gāo Xiǎomíng: Nǐ pāi zhàopiàn le ma?
高小明：你拍照片了吗？

Kǎmǎlā: Pāile, pāile hěn duō zhàopiàn.
卡玛拉：拍了，拍了很多照片。

Gāo Xiǎomíng: Kěyǐ gěi wǒ kàn yíxià ma?
高小明：可以给我看一下吗？

Kǎmǎlā: Kěyǐ, zài wǒ de diànnǎo li, míngtiān gěi nǐ kàn. Nǐ zhōumò zuò shénme le?
卡玛拉：可以，在我的电脑里，明天给你看。你周末做什么了？

Gāo Xiǎomíng: Wǒ qù shūdiàn le, mǎile jǐ běn yīngwénshū.
高小明：我去书店了，买了几本英文书。

Kǎmǎlā: Nǐ zhēn ài kàn shū!
卡玛拉：你真爱看书！

六、活动 Activity

情景模拟 Simulation

两人一组，模仿范例互相询问上个周末各自做了什么，并根据回答继续提问具体的内容，然后总结报告对方的情况。

Work in pairs and ask what your partner did last weekend after the example. Then continue to ask for further information and summarize your partner's situations based on his/her answers.

例 For example：

Shàng gè zhōumò nǐ zuò shénme le?
A：上个周末你做什么了？

Wǒ hé péngyou yìqǐ kàn diànyǐng le.
B：我和朋友一起看电影了。

Nǐ kànle shénme diànyǐng?
A：你看了什么电影？

Wǒ kànle Fǎguó diànyǐng《Piàoliang Péngyou》.
B：我 看了 法国 电影 《漂亮朋友》。

Shì ma? Nǐ juéde nàge diànyǐng zěnmeyàng?
A：是吗？ 你 觉得 那个 电影 怎么样？

Wǒ juéde hěn hǎokàn, wǒ hái xiǎng zài kàn yí biàn. Shàng gè zhōumò nǐ zuò shénme le?
B：我 觉得 很 好看，我 还 想 再 看 一遍。 上 个 周末 你 做 什么 了？

A：……

七、拓展练习 Extended exercises

听力练习 Listening 06-3

1. 听录音，判断对错。

Listen to the recording and decide whether the following statements are true or false.

Nán de zhōumò qù túshūguǎn le.
（1）男 的 周末 去 图书馆 了。(　　)

Nán de mǎile yīngwénshū.
（2）男 的 买了 英文书。(　　)

Nàge shūdiàn hěn dà, shū hěn duō.
（3）那个 书店 很 大，书 很 多。(　　)

Nán de xǐhuan chàng gē.
（4）男 的 喜欢 唱 歌。(　　)

2. 听录音，选择填空。

Listen to the recording and choose the right answers.

Nà jiā shūdiàn zài nǎr?
（1）那 家 书店 在 哪儿？(　　)

zài xuéxiào duìmiàn / zài xuéxiào li / zài xuéxiào fùjìn
A. 在 学校 对面　B. 在 学校 里　C. 在 学校 附近

Nà jiā shūdiàn zěnmeyàng?
（2）那 家 书店 怎么样？(　　)

hěn dà, shū bù duō / bú dà, shū fēicháng duō / shū hěn duō, yě hěn piányi
A. 很 大，书 不 多　B. 不 大，书 非常 多　C. 书 很 多，也 很 便宜

Nán de zhōumò mǎile shénme?
（3）男的周末买了什么？（　　）

hànyǔshū　　yīngwénshū hé CD　　hànyǔshū hé CD
A. 汉语书　　B. 英文书和 CD　　C. 汉语书和 CD

Nán de xǐhuan shénme?
（4）男的喜欢什么？（　　）

chàng gē　　tīng gē hé kàn shū　　tīng yīnyuè
A. 唱歌　　B. 听歌和看书　　C. 听音乐

阅读练习 Reading

1. 根据拼音填写汉字。
Write characters according to the *pinyin*.

Shàng gè xīngqītiān, Dàwèi hé Tiánzhōng qù cānguānle bówùguǎn. Nà jiā bówùguǎn
上个星期天，大卫和田中去（　　）了博物馆。那家博物馆

hěn dà, yǒu hěn duō hǎowánr de dōngxi. Bówùguǎn de ménpiào hěn piányi. Tāmen hái xiǎng
很大，有很多（　　）的东西。博物馆的（　　）很便宜。他们还想

qù yí cì. Xiàwǔ tāmen kànle yí gè Yīngguó diànyǐng, diànyǐngpiào zhēn guì, tāmen bú
去一次。下午他们看了一个英国电影，电影票（　　）贵，他们不

tài xǐhuan, kàn de rén bù duō. Wǎnshang tāmen qù chīle zhōngguócài. Nà jiā fàndiàn jiào
太喜欢，看的人不多。晚上他们去吃了中国菜。那家饭店叫

xiǎosìchuān, fàndiàn de cài hěn hǎochī, tāmen hěn ài chī sìchuāncài, chīle hěn duō.
小四川，饭店的菜很好吃，他们很（　　）吃四川菜，吃了很多。

2. 根据短文内容选择。
Choose the right answers according to the passage.

Tāmen shàng gè xīngqītiān yìqǐ zuòle jǐ jiàn shì?
（1）他们上个星期天一起做了几件事？（　　）

yí jiàn　　liǎng jiàn　　sān jiàn
A. 一件　　B. 两件　　C. 三件

Nàge bówùguǎn zěnmeyàng?
（2）那个博物馆怎么样？（　　）

bú dà　　dōngxi hěn duō　　ménpiào hěn guì
A. 不大　　B. 东西很多　　C. 门票很贵

Nàge diànyǐng zěnmeyàng?
（3）那个 电影 怎么样？（　　）

A. piào hěn piányi 票 很 便宜　B. diànyǐng bú tài hǎokàn 电影 不太 好看　C. kàn de rén hěn duō 看 的 人 很 多

Nà jiā fàndiàn zěnmeyàng?
（4）那 家 饭店 怎么样？（　　）

A. hěn dà 很 大　B. cài hěn hǎochī 菜 很 好吃　C. rén hěn duō 人 很 多

选词填空 Choose a word to fill in each blank

cānguān 参观　cānjiā 参加　kàn 看

Xià gè yuè yǒu HSK kǎoshì, nǐ xiǎng bù xiǎng ______?
1. 下 个 月 有 HSK 考试，你 想 不 想 ______？

Zhōumò wǒ xiǎng qù ______ bówùguǎn.
2. 周末 我 想 去 ______ 博物馆。

Ōuwén měi nián dōu qù Yīngguó ______ bàba māma.
3. 欧文 每 年 都 去 英国 ______ 爸爸 妈妈。

想一想，本课你学到了哪些有用的词语和格式？请写在下面。

Think about the useful words and sentence patterns you have learned in this lesson and write them down below.

词语 Words：

句子 Sentence patterns：

Dì-qī kè Nǐ shì gēn shéi yìqǐ qù de?

第七课 你是跟谁一起去的？

Lesson 7 Whom did you go with?

本课目标 Goals of the lesson

1. 功能 Functions：
   （1）询问并谈论过去事件的详细信息
   To ask and talk about the details of a past event
   （2）详细描述周末活动
   To describe a weekend activity in detail
   （3）描述一张照片的内容
   To describe a photo
2. 语言点 Language point：
   "是……的"句 The "是……的" sentence

一、热身 Warm-up

回答问题。

Answer the questions.

shàng gè zhōumò qù nǎr le?

1. 你 上 个 周末 去 哪儿了？
   Where did you go last weekend?

Nǐ shì gēn shéi yìqǐ qù de? Zěnme qù de?

2. 你 是 跟 谁 一起去的？ 怎么 去 的？
   Whom did you go with? How did you go there?

Nǐ jīntiān shì zěnme lái xuéxiào de?

3. 你 今天 是 怎么 来 学校 的？
   How did you come to school today?

二、词语 New words

1	听说	tīngshuō	V	to hear of	听说明天没有课。
2	玩儿	wánr	V	to hang out	一起玩儿
3	告诉	gàosu	V	to tell	告诉我
4	微信	wēixìn	N	WeChat	用微信
5	忘	wàng	V	to forget	忘了上课
6	哈哈	hāhā	Ono	hah	
7	当然	dāngrán	Adv	of course	当然可以
8	有意思	yǒu yìsi		interesting	很有意思
9	骑	qí	V	to ride	不骑
10	自行车	zìxíngchē	N	bicycle	骑自行车
11	多长	duō cháng		how long	多长时间
12	时间	shíjiān	N	time	有时间
13	小时	xiǎoshí	N	hour	几个小时
14	行	xíng	A	capable	真行
15	张	zhāng	M	(*a measure word for flat things such as paper, etc.*) piece	一张票
16	好看	hǎokàn	A	beautiful	很好看
17	自己	zìjǐ	Pron	oneself	自己做
18	最近	zuìjìn	N	recently	最近很好
19	去年 年	qùnián nián	N N	last year year	我是去年来中国的。 一年
20	法国	Fǎguó	PN	France	去法国
21	对	duì	A	right, correct	对，我是小明。

选用以上的词填空 Choose a word from above to fill in each blank

Zhège zhōumò wǒmen yìqǐ qù gōngyuán ( ), zěnmeyàng?
(1) 这个 周末 我们 一起 去 公园 ( )，怎么样？

Wǒ xǐhuan qí
(2) 我 喜欢 骑 ( )。

Tā chángcháng zuò wǎnfàn.
(3) 他 常常 ( ) 做 晚饭。

míngtiān yǒu kǎoshì, shì ma?
(4)(　　　) 明天 有 考试，是 吗？

Wǒ yǒu liǎng　　　　diànyǐngpiào, nǐ xiǎng bù xiǎng gēn wǒ yìqǐ qù?
(5) 我 有 两 (　　　) 电影票， 你 想 不 想 跟 我 一起 去？

三、语言点 Language point

"是……的"句 The "是……的" sentence

"是……的"句用以介绍或询问双方已知的某一事件发生的时间、地点、方式或动作发出者等。"是"后可接时间、地点、方式、动作发出者等，后接动词再加"的"，即"是＋时间/地点/方式/动作发出者＋V＋的"。肯定句或者问句，口语中"是"可省略。在对"是……的"问句进行回答时，答句主语也可以省略。否定形式为"不是＋时间/地点/方式/动作发出者＋V＋的"，"是"不可省略，常用于对比中。

The "是……的" sentence is used to introduce or ask about the time, location, manner or doer, etc. of a past event known to both the addresser and the addressee. "是" can be followed by a word of time, location, manner or the doer of an action and then followed by the verb and "的", namely "是 + time/location/manner/doer + V + 的". In an affirmative or interrogative sentence, "是" can be omitted in spoken Chinese. The negative form is "不是 + time/location/manner/doer + V + 的", in which "是" cannot be omitted, and is often used for comparison.

(1) 是＋时间 (time)＋V＋的

例 For example：

Nǐ jīntiān (shì) jǐ diǎn lái xuéxiào de?
A：你 今天 (是) 几 点 来 学校 的？

(Wǒ) (shì) zǎoshang bā diǎn shí fēn lái xuéxiào de.
B：(我)(是) 早上 八 点 十 分 来 学校 的。

(2) 是＋地点 (location)＋V＋的

例 For example：

Zhè zhāng zhàopiàn (shì) zài nǎr pāi de?
A：这 张 照片 (是) 在 哪儿 拍 的？

(Zhè zhāng zhàopiàn) (shì) zài xuéxiào pāi de.
B：(这 张 照片)(是) 在 学校 拍 的。

(3) 是 + 方式 (manner) + V + 的

例 For example：

Nǐ jīntiān (shì) zěnme lái xuéxiào de?
A：你 今天（是）怎么 来 学校 的？

(Wǒ) (shì) zǒu lù lái xuéxiào de.
B：（我）（是）走路 来 学校 的。

(4) 是 + 动作发出者 (doer) + V + 的

例 For example：

Zhè jiàn shì (shì) shéi gàosu nǐ de?
A：这 件 事（是）谁 告诉 你 的？

(Zhè jiàn shì) (shì) péngyou gàosu wǒ de.
B：（这 件 事）（是）朋友 告诉 我 的。

否定形式：不是 + 时间 / 地点 / 方式 / 动作发出者 + V + 的

Negative form: 不是 +time/location/manner/doer + V + 的

例 For example：

Nǐ shì yí gè rén lái Zhōngguó de ma?
A：你 是 一 个 人 来 中国 的吗？

Wǒ bú shì yí gè rén lái de, shì gēn wǒ gēge yìqǐ lái de.
B：我 不 是 一 个 人 来 的，是 跟 我 哥哥 一起 来 的。

◎ 活动 Activities

1. 两人一组，选择合适的短语，根据图片内容模仿范例对话。

Work in pairs and choose the appropriate phrases to make up dialogues after the example based on the pictures.

例 For example：

Rénmín Guǎngchǎng
人民 广场

qí zìxíngchē
骑 自行车

yí gè rén
一 个 人

Nǐ zhōumò qù nǎr le?
A：你 周末 去 哪儿了？

Wǒ qù Rénmín Guǎngchǎng le.
B：我 去 人民 广场 了。

Nǐ shì zěnme qù de?
A：你 是 怎么 去 的？

Wǒ shì qí zìxíngchē qù de.
B：我 是 骑 自行车 去 的。

Nǐ shì gēn shéi yìqǐ qù de?
A：你 是 跟 谁 一起 去 的？

Wǒ shì yí gè rén qù de.
B：我 是 一 个 人 去 的。

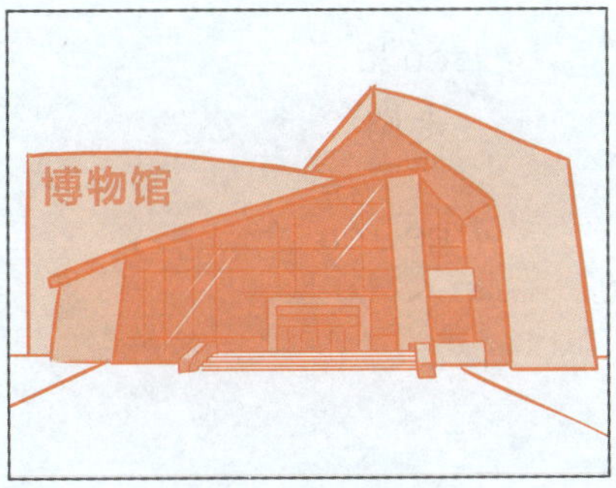

bówùguǎn
博物馆

túshūguǎn
图书馆

gōngyuán
公园

diànyǐngyuàn
电影院

zuò chūzūchē
坐 出租车

gēn gēge
跟 哥哥

zuò gōngjiāochē
坐 公交车

gēn péngyou
跟 朋友

zuò dìtiě
坐 地铁

gēn bàba māma
跟 爸爸 妈妈

zǒu lù
走路

yí gè rén
一 个 人

Nǐ zhōumò qù nǎr le?
A：你 周末 去 哪儿 了？

Wǒ qù ______ le.
B：我 去 ______ 了。

Nǐ shì zěnme qù de?
A：你 是 怎么 去 的？

Wǒ shì ______ qù de.
B：我 是 ______ 去 的。

Nǐ shì gēn shéi yìqǐ qù de?
A：你 是 跟 谁 一起 去 的？

Wǒ shì ______ qù de.
B：我 是 ______ 去 的。

2. 两人一组，根据图片内容模仿范例对话。

Work in pairs and make up dialogues after the example based on the pictures.

例 For example：

wǒ; 2013 nián; Běijīng
我；2013 年；北京

Zhè zhāng zhàopiàn shì shéi pāi de?
A：这 张 照片 是 谁 拍 的？

Shì wǒ pāi de.
B：是 我 拍 的。

Shì shénme shíhou pāi de?
A：是 什么 时候 拍 的？

Shì 2013 nián pāi de.
B：是 2013 年 拍 的。

Shì zài nǎr pāi de?
A：是 在 哪儿 拍 的？

Shì zài Běijīng pāi de.
B：是 在 北京 拍 的。

（1）

Dàwèi; qùnián; Měiguó
大卫；去年；美国

Zhè zhāng zhàopiàn shì shéi pāi de?
A：这 张 照片 是 谁 拍 的？

Shì ______ pāi de.
B：是 ______ 拍 的。

Shì shénme shíhou pāi de?
A：是 什么 时候 拍 的？

Shì ______ pāi de.
B：是 ______ 拍 的。

Shì zài nǎr pāi de?
A：是 在 哪儿 拍 的？

Shì zài ______ pāi de.
B：是 在 ______ 拍 的。

（2）

Gāo Xiǎomíng; shàng gè zhōumò; Shànghǎi
高小明；上个周末；上海

四、课文（一）Text (1)

07-1

听录音，判断对错 Listen to the recording and decide whether the following statements are true or false

Kămălā zhōumò qù gōngyuán le.
（1）卡玛拉 周末 去 公园 了。（　　）

Tā shì yí gè rén qù de.
（2）她 是 一 个 人 去 的。（　　）

Tā juéde yí gè rén qù gōngyuán hěn yǒu yìsi.
（3）她 觉得 一 个 人 去 公园 很 有意思。（　　）

Tā shì qí zìxíngchē qù de.
（4）她 是 骑 自行车 去 的。（　　）

听录音，回答问题 Listen to the recording and answer the questions

Kămălā shì gēn shéi yìqǐ qù gōngyuán de?
（1）卡玛拉 是 跟 谁 一起 去 公园 的？

Tāmen shì zěnme qù de?
（2）他们 是 怎么 去 的？

Tāmen qíle duō cháng shíjiān?
（3）他们 骑了 多 长 时间？

Tāmen juéde lèi bú lèi?
（4）他们 觉得 累 不 累？

分角色朗读下面的对话 Role-play the dialogue

Ōuwén: Kămălā, tīngshuō nǐ zhōumò qù gōngyuán wánr le?
欧文：卡玛拉，听说 你 周末 去 公园 玩儿 了？

Kămălā: Shì a, shì shéi gàosu nǐ de?
卡玛拉：是 啊，是 谁 告诉 你 的？

Ōuwén: Wǒ yǒu nǐ de wēixìn, nǐ wàng le?
欧文：我 有 你 的 微信，你 忘 了？

Kămălā: Hāhā, wǒ wàng le.
卡玛拉：哈哈，我 忘 了。

Ōuwén: Nǐ shì gēn shéi yìqǐ qù de? Yí gè rén?
欧文：你是跟谁一起去的？一个人？

Kǎmălā: Dāngrán bú shì, yí gè rén qù gōngyuán méi yìsi, wǒ shì gēn Zhōngguó péngyou yìqǐ qù de.
卡玛拉：当然不是，一个人去公园没意思，我是跟中国朋友一起去的。

Ōuwén: Nǐmen shì zěnme qù de ?
欧文：你们是怎么去的？

Kǎmălā: Wǒmen shì qí zìxíngchē qù de.
卡玛拉：我们是骑自行车去的。

Ōuwén: Qí zìxíngchē? Qíle duō cháng shíjiān? Hěn lèi ba?
欧文：骑自行车？骑了多长时间？很累吧？

Kǎmălā: Bú lèi, qíle yí gè xiǎoshí zuǒyòu.
卡玛拉：不累，骑了一个小时左右。

Ōuwén: Nǐmen zhēn xíng!
欧文：你们真行！

五、课文（二）Text (2)

07-2

听录音，回答问题 Listen to the recording and answer the questions

Hǎilún jiā de nà zhāng zhàopiàn zěnmeyàng?
（1）海伦家的那张照片怎么样？

Nà zhāng zhàopiàn shì shéi pāi de?
（2）那张照片是谁拍的？

Nà zhāng zhàopiàn shì shénme shíhou pāi de?
（3）那张照片是什么时候拍的？

Nà zhāng zhàopiàn shì zài nǎr pāi de?
（4）那张照片是在哪儿拍的？

分角色朗读下面的对话 Role-play the dialogue

Ōuwén: Hǎilún, zhè zhāng zhàopiàn zhēn hǎokàn! Shì nǐ pāi de ma?
欧文：海伦，这 张 照片 真 好看！是你拍的吗？

Hǎilún: Bú shì wǒ pāi de, shì wǒ nánpéngyou pāi de. Wǒ yě juéde zhè zhāng zhàopiàn hěn piàoliang.
海伦：不是我拍的，是我 男朋友 拍的。我也觉得这 张 照片 很 漂亮。

Ōuwén: Shì shénme shíhou pāi de? Zuìjìn ma?
欧文：是 什么 时候 拍 的？最近 吗？

Hǎilún: Bú shì zuìjìn, shì qùnián pāi de.
海伦：不 是 最近，是 去年 拍 的。

Ōuwén: Shì zài Fǎguó pāi de ba?
欧文：是 在 法国 拍 的 吧？

Hǎilún: Duì, shì qùnián wǒmen zài Fǎguó pāi de. Ōuwén, nǐ shì zěnme zhīdào de?
海伦：对，是 去年 我们 在 法国 拍 的。欧文，你 是 怎么 知道 的？

Ōuwén: Shì nǐ zìjǐ shuō de a!
欧文：是 你 自己 说 的 啊！

Hǎilún: Wǒ shénme shíhou shuō de?
海伦：我 什么 时候 说 的？

Ōuwén: Hāhā, shàng cì hànyǔkè de shíhou shuō de.
欧文：哈哈，上 次 汉语课 的 时候 说 的。

Hǎilún: Bù hǎoyìsi, wǒ zhēn wàng le.
海伦：不 好意思，我 真 忘 了。

六、活动 Activities

互问互答 Q & A

两人一组，使用“是……的”句式互相询问各自是什么时候、从哪儿、怎么、跟谁一起来中国的。

Work in pairs and ask your partner when, from where, how and with whom he/she came to China using the sentence pattern “是……的”.

例 For example：

Nǐ shì … lái Zhōngguó de?
A：你是……来中国的？

Wǒ shì …
B：我是……

情景模拟 Simulation

模仿范例，用所学句型询问同伴最近一次旅行的情况。

Use the sentence patterns you've learned to ask about your partner's latest travel after the example.

例 For example：

Nǐ zuìjìn qù nǎr lǚxíng le?
A：你最近去哪儿旅行了？

Wǒ qù …
B：我去……

Nǐ shì zěnme qù de?
A：你是怎么去的？

Wǒ shì … qù de.
B：我是……去的。

Nǐ juéde … zěnmeyàng?
A：你觉得……怎么样？

Wǒ juéde …
B：我觉得……

七、拓展练习 Extended exercises

听力练习 Listening 07-3

1. 听录音，判断对错。

Listen to the recording and decide whether the following statements are true or false.

Měijīng de chènshān hěn hǎokàn.
（1）美京 的 衬衫 很 好看。（　　）

Chènshān shì Měijīng zìjǐ mǎi de.
（2）衬衫 是 美京 自己买 的。（　　）

Měijīng zìjǐ bú tài xǐhuan zhè jiàn chènshān.
（3）美京 自己不太 喜欢 这 件 衬衫。（　　）

Měijīng de yīfu dōu hěn piàoliang.
（4）美京 的衣服 都 很 漂亮。（　　）

2. 听录音，选择填空。

Listen to the recording and choose the right answers.

Zhè jiàn chènshān shì shéi mǎi de?
（1）这 件 衬衫 是 谁 买 的？（　　）

Měijīng / Měijīng de māma / Měijīng hé māma
A. 美京　B. 美京 的 妈妈　C. 美京 和 妈妈

Zhè jiàn chènshān shì shénme shíhou mǎi de?
（2）这 件 衬衫 是 什么 时候 买 的？（　　）

zuìjìn / jīnnián / qùnián
A. 最近　B. 今年　C. 去年

Zhè jiàn chènshān shì zài nǎr mǎi de?
（3）这 件 衬衫 是 在 哪儿 买 的？（　　）

Zhōngguó / Měiguó / Hánguó
A. 中国　B. 美国　C. 韩国

Wèi shénme Hǎilún xiǎng gēn Měijīng yìqǐ mǎi yīfu?
（4）为 什么 海伦 想 跟 美京 一起 买 衣服？（　　）

Měijīng kěyǐ bāng tā / Hǎilún xǐhuan Měijīng / Měijīng de yīfu hěn duō
A. 美京 可以 帮 她　B. 海伦 喜欢 美京　C. 美京 的 衣服 很 多

阅读练习 Reading

1. 根据拼音填写汉字。

Write characters according to the *pinyin*.

Hǎilún qù Hǎinán lǚxíng le. Tā shì gēn nánpéngyou yìqǐ cóng Shànghǎi zuò fēijī
海伦 去 海南 旅行 了。她 是 跟 男朋友 一起 从 上海 坐 飞机(to take a

qù de. Cóng Shànghǎi dào Hǎinán yào liǎng gè bàn xiǎoshí, tāmen juéde hěn kuài.
plane) 去 的。从 上海 到 海南 要 两 个 半(　　　　), 他们 觉得 很 快。

Tāmen hěn xǐhuan Hǎinán, zài nàr wánr le wǔ tiān. Tāmen zài hǎibiān pāile hěn duō
他们 很 喜欢 海南, 在 那儿(　　　　)了 五 天。他们 在 海边 拍了 很 多

zhàopiàn. Zài fēijī shang, tāmen hái rènshile liǎng gè Zhōngguó péngyou, tāmen yìqǐ zài Hǎinán
照片。在 飞机 上, 他们 还 认识了 两 个 中国 朋友, 他们 一起 在 海南

wánrle liǎng tiān. Hǎilún juéde Hǎinán hěn yǒu yìsi.
玩儿了 两 天。海伦 觉得 海南 很(　　　　)。

2. 根据短文内容选择。

Choose the right answers according to the passage.

Hǎilún shì gēn shéi yìqǐ qù Hǎinán de?
(1) 海伦 是 跟 谁 一起 去 海南 的?(　　　　)

yí gè rén / gēn péngyou / gēn nánpéngyou
A. 一个人　B. 跟朋友　C. 跟男朋友

Tāmen de zhàopiàn shì zài nǎr pāi de?
(2) 他们 的 照片 是 在 哪儿 拍 的?(　　　　)

hǎibiān / gōngyuán / fàndiàn
A. 海边　B. 公园　C. 饭店

Tāmen shì zài nǎr rènshi Zhōngguó péngyou de?
(3) 他们 是 在 哪儿 认识 中国 朋友 的?(　　　　)

gōngyuán / fēijī shang / hǎibiān
A. 公园　B. 飞机上　C. 海边

Tāmen hé Zhōngguó péngyou yìqǐ wánrle jǐ tiān?
(4) 他们 和 中国 朋友 一起 玩儿了 几 天?(　　　　)

liǎng tiān / sān tiān / wǔ tiān
A. 两天　B. 三天　C. 五天

选词填空 Choose a word to fill in each blank

zěnme　　　shéi　　　zài nǎr　　　shénme shíhou
A. 怎么　　B. 谁　　C. 在哪儿　　D. 什么　时候

Zhège diànyǐng shì ________ pāi de?
(1) A: 这个　电影　是 ________ 拍 的?

Shì zài Shànghǎi pāi de.
B: 是 在　上海　拍 的。

Nǐ shì ________ zhīdào wǒ de diànhuà hàomǎ de?
(2) A: 你 是 ________ 知道 我 的　电话　号码 的?

Wáng lǎoshī gàosu wǒ de.
B: 王　老师 告诉 我 的。

Nǐ de shǒujī shì ________ mǎi de?
(3) A: 你 的 手机 是 ________ 买 的?

Shì qùnián mǎi de.
B: 是 去年　买 的。

Jīntiān de wǎnfàn shì ________ zuò de?
(4) A: 今天　的　晚饭　是 ________ 做 的?

Wǒ māma zuò de.
B: 我 妈妈 做 的。

想一想，本课你学到了哪些有用的词语和格式？请写在下面。

Think about the useful words and sentence patterns you have learned in this lesson and write them down below.

词语 Words:

句子 Sentence patterns:

Dì-bā kè　Nǐ huì zuò cài ma?

第八课 你会做菜吗？

Lesson 8 Can you cook?

本课目标 Goals of the lesson

1. 功能 Functions：

（1）询问并谈论他人的某一技能

To ask and talk about a certain skill of someone

（2）询问并介绍会说的外语

To ask and introduce the foreign languages one speaks

2. 语言点 Language points：

（1）能愿动词：会 $_1$　The modal verb 会 $_1$

（2）除了……以外，……还……

一、热身 Warm-up

回答问题。

Answer the questions.

Chúle Hànyǔ yǐwài, nǐ hái huì shuō shénme wàiyǔ?

1. 除了汉语以外，你还会说什么外语？

Besides Chinese, what other foreign languages can you speak?

Nǐ huì zuò cài ma? Nǐ huì zuò shénme cài?

2. 你会做菜吗？你会做什么菜？

Can you cook? What cuisines can you cook?

Nǐ huì chàng gē ma? Nǐ huì chàng shénme gē?

3. 你会唱歌吗？你会唱什么歌？

Can you sing? What songs can you sing?

二、词语 New words

回	huí	V	to return	回国
回来	huí lái	VO	to come back	不回来

2	会	huì	V	can, may	会说汉语
3	做菜	zuò cài		to cook	不会做菜
4	水果	shuǐguǒ	N	fruit	吃水果
5	沙拉	shālā	N	salad	做沙拉
6	酒	jiǔ	N	liquor, wine	喝酒
7	瓶	píng	M	bottle	一瓶酒
8	哪里	nǎlǐ	Pron	not at all	哪里哪里
9	尝	cháng	V	to taste	尝一下
10	聪明	cōngming	A	intelligent, smart	真聪明
11	外语	wàiyǔ	N	foreign language	学外语
12	除了……以外	chúle...yǐwài		besides, except	除了英语以外，我还会汉语。
13	日语	Rìyǔ	PN	Japanese (language)	说日语
14	真的	zhēn de		really	真的吗
15	好喝	hǎohē	A	(of drinks) tasty	真好喝
16	法语	Fǎyǔ	PN	French (language)	学法语

选用以上的词填空 Choose a word from above to fill in each blank

Tā jīnnián shíliù suì, bù kěyǐ hē
（1）他 今年 十六 岁，不 可以 喝（　　　）。

Zhège cài shì wǒ zuò de, qǐng nǐ　　　yíxià.
（2）这个 菜 是 我 做 的，请 你（　　　）一下。

Nǐ de Hànyǔ zhēn hǎo!
（3）A：你 的 汉语 真 好！

, wǒ de Hànyǔ hái bù hǎo.
B：（　　　），我 的 汉语 还 不 好。

Wǒ bàba měi tiān wǎnshang bā diǎn　　　jiā.
（4）我 爸爸 每 天 晚上 八 点（　　　）家。

Wǒ xǐhuān chī shuǐguǒ
（5）我 喜欢 吃 水果（　　　）。

三、语言点 Language points

能愿动词"会$_1$" The modal verb "会$_1$"

"会"后接动词可表示具有经过学习以后掌握的某种技能或特长。若技能程度或水平较低，动词后可加"一点儿"或动词和宾语中间可插入"一点儿"。

"会" is followed by a verb to indicate the mastery of a certain skill or specialty after learning. If the degree or proficiency of the skill is quite limited, "一点儿" is used after the verb, or between the verb and the object.

例 For example：

Wǒ huì chàng zhōngwéngē.
我 会 唱 中文歌。

Ōuwén huì shuō Yīngyǔ, hái huì shuō Fǎyǔ.
欧文 会 说 英语，还 会 说 法语。

Měijīng huì shuō Hányǔ, hái huì shuō yìdiǎnr Yīngyǔ hé Hànyǔ.
美京 会 说 韩语，还 会 说 一点儿 英语 和 汉语。

否定形式 Negation：不会 + V (+ O)

例 For example：

Tā bú huì shuō Hànyǔ.
他 不 会 说 汉语。

Wǒ bú huì hē jiǔ.
我 不 会 喝 酒。

Tiánzhōng bú huì zuò fàn.
田中 不 会 做 饭。

除了……以外，……还……

"除了……以外，……还……"格式表示不包括在第一项内容之外，还有同一动作下支配的其他的内容。

The pattern "除了……以外，……还……" indicates that besides the first item, the second item is also included in the content governed by the same verb.

例 For example：

Chúle Yīngyǔ yǐwài， wǒ hái huì shuō yìdiǎnr Hànyǔ.
除了 英语 以外，我 还 会 说 一点儿 汉语。

Chúle Běijīng yǐwài， tā hái xiǎng qù Shànghǎi.
除了 北京 以外，他 还 想 去 上海。

Chúle chàng gē yǐwài， tā hái xǐhuan tiào wǔ.
除了 唱 歌 以外，她 还 喜欢 跳舞。

◎ 活动 Activities

1. 两人一组，根据图片内容模仿范例对话。

Work in pairs and make up dialogues after the example based on the pictures.

例 For example：

zuò cài
做 菜

zhōngguócài 中国菜　hánguócài 韩国菜

Nǐ huì zuò cài ma?
A：你 会 做 菜 吗？

Huì zuò.
B：会 做。

Nǐ huì zuò shénme cài?
A：你 会 做 什么 菜？

Wǒ huì zuò hánguócài hé zhōngguócài. Nǐ ne?
B：我 会 做 韩国菜 和 中国菜。 你 呢？

Wǒ bú huì zuò cài.
A：我 不 会 做 菜。

（1）

chàng gē
唱 歌

zhōngwéngē 中文歌　rìwéngē 日文歌

Nǐ huì …?
你 会……？

（2）

tiào wǔ
跳舞

jiēwǔ 街舞　rìběnwǔ 日本舞

2. 两人一组，根据图片内容模仿范例对话。

Work in pairs and make up dialogues after the example based on the pictures.

例 For example：

dǎ lánqiú
打 篮球

\+

wǎngqiú
网球

Nǐ xǐhuan dǎ lánqiú ma?
A：你 喜欢 打 篮球 吗？

Xǐhuan.
B：喜欢。

Chúle lánqiú yǐwài, nǐ hái xǐhuan dǎ shénme qiú?
A：除了 篮球 以外，你 还 喜欢 打 什么 球？

Chúle lánqiú yǐwài, wǒ hái xǐhuan dǎ wǎngqiú. Nǐ ne?
B：除了 篮球 以外，我 还 喜欢 打 网球。你 呢？

Wǒ zhǐ xǐhuan dǎ lánqiú.
A：我 只 喜欢 打 篮球。

（1）

chàng yīngwéngē
唱 英文歌 ＋……

（2）

chī zhōngguócài
吃 中国菜 ＋……

（3）

kàn diànyǐng
看 电影 ＋……

（4）

hē chá
喝 茶 ＋……

Nǐ xǐhuan … ma?
你 喜欢 ……吗？

Chúle …, nǐ hái xǐhuan …?
除了……，你 还 喜欢 ……？

四、课文（一）Text (1)

08-1

听录音，判断对错
Listen to the recording and decide whether the following statements are true or false

Měijīng huì zuò cài.
（1）美京 会 做 菜。（ ）

Měijīng hé Tiánzhōng yào qù fàndiàn chī wǎnfàn.
（2）美京 和 田中 要 去 饭店 吃 晚饭。（ ）

Měijīng bú huì hē jiǔ.
（3）美京 不 会 喝 酒。（ ）

Měijīng huì zuò hóngjiǔ.
（4）美京 会 做 红酒。（ ）

听录音，回答问题 Listen to the recording and answer the questions

Měijīng huì zuò nǎ guó cài?
（1）美京 会 做 哪 国 菜？

Tiánzhōng huì zuò shénme cài?
（2）田中 会 做 什么 菜？

Tāmen jīntiān wǎnshang zài nǎr chī fà?
（3）他们 今天 晚上 在 哪儿 吃 饭？

Jīntiān wǎnshang tāmen chī shénme?
（4）今天 晚上 他们 吃 什么？

分角色朗读下面的对话 Role-play the dialogue

Tiánzhōng: Měijīng, jīntiān nǐ qù nǎr chī wǎnfàn?
田中：美京，今天 你 去 哪儿 吃 晚饭？

Měijīng: Wǒ xiǎng huí jiā chī wǎnfàn.
美京：我 想 回 家 吃 晚饭。

Tiánzhōng: Nǐ huì zuò cài ma?
田中：你会做菜吗？

Měijīng: Huì, wǒ huì zuò hánguócài hé zhōngguócài. Nǐ ne?
美京：会，我会做韩国菜和中国菜。你呢？

Tiánzhōng: Nǐ zhēn xíng! Wǒ bú huì zuò cài, wǒ zhǐ huì chī.
田中：你真行！我不会做菜，我只会吃。

Měijīng: Nà nǐ wǎnshang lái wǒ jiā chī ba, wǒ jīntiān zuò hánguócài.
美京：那你晚上来我家吃吧，我今天做韩国菜。

Tiánzhōng: Tài hǎo le! Duìle, wǒ huì zuò shuǐguǒ shālā. Wǎnshang wǒ zuò yí gè ba!
田中：太好了！对了，我会做水果沙拉。晚上我做一个吧！

Měijīng: Tiánzhōng, nǐ huì hē jiǔ ma?
美京：田中，你会喝酒吗？

Tiánzhōng: Huì hē yìdiǎnr. Nǐ ne?
田中：会喝一点儿。你呢？

Měijīng: Wǒ hěn xǐhuan hē hóngjiǔ, wǒ hái huì zuò hóngjiǔ. Shàng gè yuè wǒ zuòle liǎng píng hóngjiǔ.
美京：我很喜欢喝红酒，我还会做红酒。上个月我做了两瓶红酒。

Tiánzhōng: Shì ma? Nǐ zhēn xíng!
田中：是吗？你真行！

Měijīng: Nǎlǐ nǎlǐ! Jīntiān wǎnshang cháng yíxià ba!
美京：哪里哪里！今天晚上尝一下吧！

Tiánzhōng: Hǎo de!
田中：好的！

五、课文（二）Text (2)

08-2

听录音，回答问题 Listen to the recording and answer the questions

Kǎmǎlā zěnme zhīdào Tiánzhōng xǐhuan chī hánguócài?
（1）卡玛拉 怎么 知道 田中 喜欢 吃 韩国菜？

Hóngjiǔ shì mǎi de ma?
（2）红酒 是 买 的吗？

Měijīng chúle Hànyǔ yǐwài, hái huì shuō shénme wàiyǔ?
（3）美京 除了 汉语 以外，还 会 说 什么 外语？

Kǎmǎlā juéde zìjǐ de Hànyǔ zěnmeyàng?
（4）卡玛拉 觉得自己的 汉语 怎么样？

分角色朗读下面的对话 Role-play the dialogue

Kǎmǎlā: Tiánzhōng, tīng Měijīng shuō nǐ hěn xǐhuan chī hánguócài?
卡玛拉：田中，听 美京 说你很喜欢吃 韩国菜？

Tiánzhōng: Duì, zuótiān Měijīng zuòle hánguócài, qǐng wǒ chī le.
田中：对，昨天 美京 做了 韩国菜，请 我 吃 了。

Kǎmǎlā: Shì ma? Měijīng huì zuò cài?
卡玛拉：是 吗？ 美京 会 做 菜？

Tiánzhōng: Duì, chúle zuò cài yǐwài, tā hái huì zuò hóngjiǔ. Zhēn de hěn hǎohē!
田中：对，除了 做 菜 以外，她 还 会 做 红酒。 真 的 很 好喝！

Kǎmǎlā: Shì ma? Wǒ juéde Měijīng fēicháng cōngming, tīngshuō tā huì shuō hěn duō wàiyǔ, chúle Hànyǔ yǐwài, tā hái huì shuō Yīngyǔ hé
卡玛拉：是 吗？ 我 觉得 美京 非常 聪明，听说 她 会 说 很 多 外语，除了 汉语 以外，她 还 会 说 英语 和

Rìyǔ.
日语。

Tiánzhōng: Zhēn de ma? Kǎmǎlā, nǐ yě hěn cōngming a, chúle Yīngyǔ
田中：真的吗？卡玛拉，你也很聪明啊，除了英语

yǐwài, nǐ hái huì shuō Hànyǔ hé Fǎyǔ.
以外，你还会说汉语和法语。

Kǎmǎlā: Nǎlǐ nǎlǐ! Nǐ de Hànyǔ fēicháng hǎo!
卡玛拉：哪里哪里！你的汉语非常好！

Tiánzhōng: Wǒ zhǐ huì shuō yìdiǎnr Hànyǔ.
田中：我只会说一点儿汉语。

Kǎmǎlā: Wǒ yě zhǐ huì shuō yìdiǎnr Hànyǔ.
卡玛拉：我也只会说一点儿汉语。

六、活动 Activity

采访问答 Interview

大家离开座位，按照以下问题采访同学的特长、爱好等，找到答案是肯定的同学，在空格里写下他们的名字，并继续用“除了……以外，……还……”提问，然后根据回答填空；若答案是否定的，换下一个问题。问卷填写的名字不可重复。若时间有余，可自由提问其他爱好或特长，如唱歌、跳舞等，并在最后一行填空。最后向全班报告你的调查结果。

Leave your seat to interview your classmates about their specialties and hobbies by asking the following questions. For students with the answer “Yes”, continue to ask questions by using the pattern “除了……以外，……还……”, and put their names and answers in the blanks; for students with the answer “No”, ask the next question. The names cannot be repeated. You can also freely ask about other hobbies or specialties such as singing, dancing, etc. and fill in the last line of the sheet. Finally, report your findings to the class.

例 For example：

Nǐ huì shuō Hànyǔ ma?
1. 你 会 说 汉语 吗？

Chúle Hànyǔ yǐwài, nǐ hái huì shuō shénme wàiyǔ?
（If yes→）除了 汉语 以外，你 还 会 说 什么 外语？

Nǐ xǐhuan kàn shū ma?
2. 你 喜欢 看 书 吗？

Chúle kàn shū yǐwài, nǐ hái xǐhuan zuò shénme?
（If yes→）除了 看 书 以外，你 还 喜欢 做 什么？

Nǐ xǐhuan hē hóngjiǔ ma?
3. 你 喜欢 喝 红酒 吗？

Chúle …
（If yes→）除了……

Nǐ huì zuò zhōngguócài ma?
4. 你 会 做 中国菜 吗？

Chúle …
（If yes→）除了……

Nǐ huì dǎ lánqiú ma?
5. 你 会 打 篮球 吗？

Chúle …
（If yes→）除了……

huì shuō Yīngyǔ, chúle Yīngyǔ yǐwài, tā / tā hái huì shuō .
1. ________ 会 说 英语，除了 英语 以外，他 / 她 还 会 说 ________。

xǐhuan kàn shū, chúle kàn shū yǐwài, tā / tā .
2. ________ 喜欢 看 书，除了 看 书 以外，他 / 她 ________。

xǐhuan hē hóngjiǔ, chúle hóngjiǔ yǐwài, tā / tā .
3. ________ 喜欢 喝 红酒，除了 红酒 以外，他 / 她 ________。

huì zuò zhōngguócài, chúle zhōngguócài yǐwài, tā / tā .
4. ________ 会 做 中国菜，除了 中国菜 以外，他 / 她 ________。

huì dǎ lánqiú chúle dǎ lánqiú yǐwài, tā / tā .
5. ________ 会 打 篮球，除了 打 篮球 以外，他 / 她 ________。

huì / xǐhuan chúle yǐwài, tā / tā .
6. ________ 会 / 喜欢 ________，除了 ________ 以外，他 / 她 ________。

七、拓展练习 Extended exercises

听力练习 Listening 08-3

1. 听录音，判断对错。

Listen to the recording and decide whether the following statements are true or false.

Nán de zài tīng gē.
（1）男的在听歌。（　　）

Nán de bú huì shuō Fǎyǔ.
（2）男的不会说法语。（　　）

Nǚ de huì shuō Fǎyǔ.
（3）女的会说法语。（　　）

Tāmen zhōumò yào yìqǐ qù chàng gē.
（4）他们周末要一起去唱歌。（　　）

2. 听录音，选择填空。

Listen to the recording and choose the right answers.

Nán de huì shuō shénme wàiyǔ?
（1）男的会说什么外语？（　　）

Fǎyǔ / Hànyǔ hé Fǎyǔ / Yīngyǔ hé Hànyǔ
A. 法语　B. 汉语和法语　C. 英语和汉语

Nán de juéde Fǎyǔ zěnmeyàng?
（2）男的觉得法语怎么样？（　　）

hěn nán / bù hǎotīng / yǒudiǎnr nán
A. 很难　B. 不好听　C. 有点儿难

Nǚ de huì shuō shénme wàiyǔ?
（3）女的会说什么外语？（　　）

Yīngyǔ / Hànyǔ / Yīngyǔ hé Hànyǔ
A. 英语　B. 汉语　C. 英语和汉语

Nǚ de huì chàng shénme gē?
（4）女的会唱什么歌？（　　）

zhōngwéngē / fǎyǔgē / yīngwéngē
A. 中文歌　B. 法语歌　C. 英文歌

阅读练习 Reading

1. 根据拼音填写汉字。

Write characters according to the *pinyin*.

Hǎilún zuótiān qù Měijīng jiā chī fàn le. Měijīng hěn huì zuò cài, zuótiān zuò de sān gè
海伦 昨天 去 美京 家吃 饭了。美京 很（　　）做菜，昨天 做的 三个

hánguócài dōu hěn hǎochī, Hǎilún chīle hěn duō. Měijīng hěn cōngming, chúle huì zuò cài yǐwài,
韩国菜 都 很 好吃，海伦 吃了 很 多。美京 很（　　），除了 会 做 菜以外，

hái huì zìjǐ zuò hóngjiǔ, tā zuòle liǎng píng hóngjiǔ. Hǎilún chángle yíxià, zhēn de fēicháng
还 会 自己 做 红酒，她 做了 两（　　）红酒。海伦 尝了 一下，（　　）非常

hǎohē. Tā píngshí zhī hē yìdiǎnr jiǔ, kěshì zuótiān hēle yí dà bēi. Měijīng hé Hǎilún měi gè
（　　）。她 平时 只 喝 一点儿 酒，可是 昨天 喝了 一 大 杯。美京 和 海伦 每 个

xīngqīyī hé xīngqīsān dōu yìqǐ qù túshūguǎn xuéxí, chúle xuéxí yǐwài, hái chángcháng yìqǐ wánr.
星期一 和 星期三 都 一起 去 图书馆 学习，除了 学习 以外，还 常常 一起 玩儿。

Tāmen shì hǎo péngyou.
她们 是 好 朋友。

2. 根据短文内容连线

Match the two parts of the sentences according to the passage.

Měijīng hé Hǎilún 美京 和 海伦	píngshí hē yìdiǎnr jiǔ 平时 喝 一点儿 酒
	huì zuò cài 会 做 菜
Měijīng 美京	zuótiān chīle hánguócài 昨天 吃了 韩国菜
	zuótiān hēle yì bēi jiǔ 昨天 喝了 一 杯 酒
Hǎilún 海伦	huì zuò hóngjiǔ 会 做 红酒
	yǒu shíhou qù túshūguǎn xuéxí 有 时候 去 图书馆 学习

选词填空 Choose a word to fill in each blank

Wǒ ______ jiè yíxià nǐ de shǒujī, hǎo ma?
（1）我 ______ 借一下你的手机，好吗？

huì / kěyǐ / xiǎng
A. 会　B. 可以　C. 想

Tā ______ shuō hěn duō wàiyǔ, Yīnyǔ, Fǎyǔ, Rìyǔ dōu fēicháng hǎo.
（2）他 ______ 说很多外语，英语、法语、日语都非常好。

huì / xiǎng / yào
A. 会　B. 想　C. 要

Duìbuqǐ, nǐ ______ bāng wǒ yíxià ma?
（3）对不起，你 ______ 帮我一下吗？

huì / kěyǐ / xiǎng / yào
A. 会　B. 可以　C. 想　D. 要

Tài lèi le, wǒ ______ xiūxi yíxià.
（4）太累了，我 ______ 休息一下。

huì / kěyǐ / yào
A. 会　B. 可以　C. 要

想一想，本课你学到了哪些有用的词语和格式？请写在下面。

Think about the useful words and sentence patterns you have learned in this lesson and write them down below.

词语 Words：

句子 Sentence patterns：

Dì-jiǔ kè Nǐ jiànguo xióngmāo ma?

第九课 你见过熊猫吗？

Lesson 9 Have you ever seen a panda?

本课目标 Goals of the lesson

1. 功能 Functions：
   （1）寻求建议 To ask for advice
   （2）制订周末计划 To work out a plan for the weekend
   （3）介绍某人的兴趣 To introduce one's interests
2. 语言点 Language point：
   助词“过” The particle “过”

一、热身 Warm-up

回答问题。

Answer the questions.

Zài Zhōngguó, Nǐ qùguo nǎxiē hěn yǒu míng de dìfang? Nàxiē dìfang zěnmeyàng?

1. 在 中国，你 去过 哪些 很 有名 的 地方？那些 地方 怎么样？
What famous places in China have you been to? How are these places?

Nǐ chīguo nǎxiē hěn yǒu míng de zhōngguócài? Wèidao zěnmeyàng?

2. 你 吃过 哪些 很 有名 的 中国菜？ 味道 怎么样？
What famous Chinese dishes have you eaten? How do they taste?

Zài nǐ de guójiā shénme hěn yǒu míng? Gěi dàjiā jièshào yíxià.

3. 在 你 的 国家 什么 很 有名？ 给 大家 介绍 一下。
What is your country famous for? Please introduce to everyone.

二、词语 New words

1	打算	dǎsuàn	V N	to plan plan	打算做什么 有什么打算
2	已经	yǐjīng	Adv	already	已经上课了

3	地方	dìfang	N	place	很多地方
4	建议	jiànyì	N V	advice to advise	老师的建议 建议去上课
5	过	guo	Pt	*indicating a past experience*	去过
6	熊猫	xióngmāo	N	panda	两只熊猫
7	功夫熊猫	Gōngfu Xióngmāo	PN	*Kung Fu Panda*	我看过《功夫熊猫》。
8	郊区	jiāoqū	N	suburb	去郊区
9	动物园 动物	dòngwùyuán dòngwù	N N	zoo animal	去动物园 很多动物
10	……极了	…jí le		extremely	好极了
11	对……感兴趣 对 感 兴趣	duì…gǎn xìngqù duì gǎn xìngqù	 Prep V N	to be interested in towards, regarding to feel interest, hobby	对汉语感兴趣 对我 感兴趣 有兴趣
12	的话	dehuà	Pt	if, in case	感兴趣的话，……
13	约会	yuēhuì	V N	to date appointment	跟朋友约会 有一个约会
14	遗憾	yíhàn	A	pitiful, sorry	非常遗憾
15	市中心	shìzhōngxīn	NP	city center, downtown area	去市中心
16	感谢	gǎnxiè	V	to thank	很感谢
17	烤鸭	kǎoyā	N	roast duck	吃烤鸭
18	味道	wèidao	N	taste	味道很好
19	肚子	dùzi	N	tummy	我的肚子

选用以上的词语填空 Choose a word from above to fill in each blank

Nǐ chīguo Běijīng ma?
（1）你 吃过 北京（　　　）吗？

Nǐ duì shénme ?
（2）你 对 什么（　　　）？

Wǒ bù zhīdào qù nǎr lǚxíng, nǐ yǒu shénme ?
（3）我 不 知道 去 哪儿 旅行，你 有 什么（　　）？

Wǒ juéde zhōngguócài hàochī
（4）我 觉得 中国菜 好吃（　　）。

Tā chángcháng gēn nǚpéngyou .
（5）他 常常 跟 女朋友（　　）。

三、语言点 Language point

助词“过” The particle “过”

“过”用于动词后，V + 过 + (O)，表示过去曾经有过某种经历，后面常常引出某种感受或评价。

“过” is used after a verb, indicating a past experience, usually followed by one’s personal feelings or comments.

例 For example：

Wǒ chīguo zhōngguócài, hěn hǎochī.
我 吃过 中国菜，很 好吃。

Hǎilún chàngguo zhōngguógē, hěn hǎotīng.
海伦 唱过 中国歌，很 好听。

Tā kànguo Zhōngguó diànyǐng, hěn xǐhuan.
他 看过 中国 电影，很 喜欢。

问句形式 Interrogative

guo ma?
V + 过 + (O) 吗？

例 For example：

Nǐ chīguo zhōngguócài ma?
你 吃过 中国菜 吗？

Nǐ tīngguo zhōngguógē ma?
你 听过 中国歌 吗？

méi guo
V 没 + V + 过 + (O)?

例 For example：

Nǐ chī méi chīguo zhōngguócài?
你 吃 没 吃过 中国菜？

Nǐ tīng méi tīngguo zhōngguógē?
你 听 没 听过 中国歌？

否定形式 Negative

méi guo
没 + V + 过 + (O)

例 For example：

Wǒ méi chīguo zhōngguócài.
我 没 吃过 中国菜。

Wǒ méi tīngguo zhōngguógē.
我 没 听过 中国歌。

hái méi guo
还 + 没 + V + 过 + (O)

例 For example：

Wǒ hái méi chīguo zhōngguócài.
我 还 没 吃过 中国菜。

Wǒ hái méi tīngguo zhōngguógē.
我 还 没 听过 中国歌。

◎ 活动 Activity

仿照例子，两人一组，看图问答。

Work in pairs and ask and answer questions about the pictures after the example.

例 For example：

qù Chángchéng
去 长城

Nǐ qùguo Chángchéng ma?
A：你 去过 长城 吗？

Méi qùguo, nǐ ne?
B：没 去过，你 呢？

Wǒ qùguo. Chángchéng hěn piàoliang.
A：我 去过。 长城 很 漂亮。

Wǒ yě xiǎng qù.
B：我 也 想 去。

1.

kàn xióngmāo
看 熊猫

2.

qù dàxué de túshūguǎn
去 大学 的 图书馆

3. 

chī kǎoyā
吃 烤鸭

4. 

kàn jīngjù
看 京剧

Nǐ … guo … ma?
你…… 过 ……吗?

四、课文（一）Text (1)

09-1

听录音，判断对错
Listen to the recording and decide whether the following statements are true or false

Ōuwén qùguo hěn duō hǎowánr de dìfang.
（1）欧文 去过 很 多 好玩儿 的 地方。（ ）

Ōuwén zhōumò xiǎng qù dòngwùyuán.
（2）欧文 周末 想 去 动物园。（ ）

Wénlì méi qùguo dòngwùyuán.
（3）文丽 没 去过 动物园。（ ）

Ōuwén xiǎng gēn Wénlì yìqǐ qù dòngwùyuán.
（4）欧文 想 跟 文丽 一起 去 动物园。（ ）

听录音，回答问题 Listen to the recording and answer the questions

Ōuwén kànguo shénme diànyǐng?
（1）欧文 看过 什么 电影?

Ōuwén duì shénme gǎn xìngqù?
（2）欧文 对 什么 感 兴趣?

Wénlì juéde dòngwùyuán de xióngmāo zěnmeyàng?
（3）文丽 觉得 动物园 的 熊猫 怎么样?

Dòngwùyuán zài nǎr?
（4）动物园 在 哪儿?

分角色朗读下面的对话 Role-play the dialogue

Wáng Wénlì: Ōuwén, zhège zhōumò nǐ dǎsuàn qù nǎr?
王 文丽：欧文，这个 周末 你 打算 去 哪儿？

Ōuwén: Wǒ juéde hǎowánr de dìfang dōu yǐjīng qùguo le, Wénlì,
欧文：我 觉得 好玩儿 的 地方 都 已经 去过 了，文丽，

nǐ yǒu shénme jiànyì?
你 有 什么 建议？

Wáng Wénlì: Wǒ xiǎng yíxià … Nǐ jiànguo xióngmāo ma?
王 文丽：我 想 一下……你 见过 熊猫 吗？

Ōuwén: Xióngmāo? Wǒ hái méi jiànguo zhēn de xióngmāo, kěshì wǒ kànguo
欧文：熊猫？ 我 还 没 见过 真 的 熊猫，可是 我 看过

diànyǐng《Gōngfu Xióngmāo》. Nǎr yǒu xióngmāo?
电影《功夫熊猫》。哪儿 有 熊猫？

Wáng Wénlì: Jiāoqū de dòngwùyuán li jiù yǒu.
王 文丽：郊区 的 动物园 里 就 有。

Ōuwén: Zhēn de? Nǐ qùguo nàr ma?
欧文：真 的？ 你 去过 那儿 吗？

Wáng Wénlì: Qùguo, nàr de xióngmāo kě'ài jí le! Nǐ duì dòngwù gǎn
王 文丽：去过，那儿 的 熊猫 可爱 极 了！你 对 动物 感

xìngqù dehuà, kěyǐ qù dòngwùyuán.
兴趣 的话，可以 去 动物园。

Ōuwén: Dāngrán gǎn xìngqù, nà wǒ qù dòngwùyuán ba. Nǐ kěyǐ gēn
欧文：当然 感 兴趣，那 我 去 动物园 吧。你 可以 跟

wǒ yìqǐ qù ma? Yí gè rén qù méi yìsi.
我 一起 去 吗？ 一 个 人 去 没 意思。

Wáng Wénlì: Bù hǎoyìsi, wǒ zhōumò méi kòngr, wǒ yào ...
王 文丽：不 好意思，我 周末 没 空儿，我 要……

Ōuwén: Wǒ zhīdào, nǐ yào gēn nánpéngyou yuēhuì ba?
欧文： 我 知道，你 要 跟 男朋友 约会 吧？

五、课文（二）Text (2)

09-2

听录音，回答问题 Listen to the recording and answer the questions

Ōuwén zhōumò xiǎng qù nǎr?
（1）欧文 周末 想 去哪儿？

Hǎilún wèi shénme bù xiǎng qù dòngwùyuán?
（2）海伦 为 什么 不 想 去 动物园？

Ōuwén chī méi chīguo kǎoyā?
（3）欧文 吃 没 吃过 烤鸭？

Ōuwén xiànzài jiù xiǎng zuò shénme?
（4）欧文 现在 就 想 做 什么？

分角色朗读下面的对话 Role-play the dialogue

Ōuwén: Hǎilún, nǐ qùguo jiāoqū de dòngwùyuán ma?
欧文：海伦，你 去过 郊区 的 动物园 吗？

Hǎilún: Méi qùguo, wǒ duì dòngwù bú tài gǎn xìngqù.
海伦：没 去过，我 对 动物 不 太 感 兴趣。

Ōuwén: Zhēn yíhàn! Wǒ zhōumò xiǎng qù dòngwùyuán, dǎsuàn qǐng nǐ yìqǐ qù.
欧文：真 遗憾！我 周末 想 去 动物园，打算 请 你 一起 去。

Hǎilún: Wǒ duì bówùguǎn hěn gǎn xìngqù, zhōumò xiǎng qù shìzhōngxīn de bówùguǎn. Ōuwén, nǐ qùguo ma?
海伦：我 对 博物馆 很 感 兴趣，周末 想 去 市中心 的 博物馆。欧文，你 去过 吗？

Ōuwén: Dāngrán qùguo, wǒ hěn xǐhuan cānguān bówùguǎn.
欧文：当然去过，我很喜欢参观博物馆。

Hǎilún: Nà zhège xīngqīliù gēn wǒ zài qù yí cì, hǎo ma?
海伦：那这个星期六跟我再去一次，好吗？

Ōuwén: Hǎo ba. Nǐ zěnme gǎnxiè wǒ?
欧文：好吧。你怎么感谢我？

Hǎilún: Xīngqīliù wǎnshang wǒ qǐng nǐ chī kǎoyā ba, nǐ chī méi chīguo kǎoyā?
海伦：星期六晚上我请你吃烤鸭吧，你吃没吃过烤鸭？

Ōuwén: Méi chīguo, tīngshuō hěn hǎochī.
欧文：没吃过，听说很好吃。

Hǎilún: Dāngrán, wèidao hǎojí le.
海伦：当然，味道好极了。

Ōuwén: Wǒ de dùzi yǐjīng è le, xiànzài jiù qù chī ba!
欧文：我的肚子已经饿了，现在就去吃吧！

六、活动 Activity

采访问答 Interview

大家离开座位，仿照例句采访同学是否有过以下的经历，找到答案是肯定的同学，在空格里写下他们的名字，得到肯定回答后，并继续问他们是什么时候或在什么地方做的，以及他们的感受，并写在空格里；如果答案是否定的，换下一个话题。名字不可重复。最后向全班报告你的调查结果。

Leave your seat to ask your classmates if they had the following experiences. For students with the answer "Yes", continue to ask when/where they had that experience and how they felt about it and put their names and answers in the blanks; for students with the answer "No", turn to another topic. The names cannot be repeated. Finally, report your findings to the class.

例 For example：

Nǐ qùguo Chángchéng ma?
A：你 去过 长城 吗？

Qùguo.
B：去过。

Nǐ shì shénme shíhou qù de?
A：你 是 什么 时候 去 的？

Wǒ shì qùnián qù de.
B：我 是 去年 去 的。

Nǐ juéde Chángchéng zěnmeyàng?
A：你 觉得 长城 怎么样？

Wǒ juéde Chángchéng hěn cháng, hěn měi.
B：我 觉得 长城 很 长，很 美。

根据同学的回答填空。Fill in the blanks according to your classmates' replies.

cānguānguo , tā shì qù de, tā juéde Chángchéng
________ 参观过 ________，他 是 ________ 去 的，他 觉得 长城 ________，
________。

提示 Tips：

bówùguǎn xióngmāo jīngjù kǎoyā
博物馆 熊猫 京剧 烤鸭

七、拓展练习 Extended exercises

听力练习 Listening 09-3

1. 听录音，判断对错。

Listen to the recording and decide whether the following statements are true or false.

Hǎilún zài Měiguó xuéguo Hànyǔ.
(1) 海伦 在 美国 学过 汉语。( )

Xiànzài Hǎilún měi tiān dōu chī zhōngguócài.
(2) 现在 海伦 每 天 都 吃 中国菜。( )

Hǎilún méi chīguo kǎoyā.
（3）海伦 没 吃过 烤鸭。（　　　）

Ōuwén jiànyì Hǎilún qù bówùguǎn.
（4）欧文 建议 海伦 去 博物馆。（　　　）

2. 听录音，选择填空。

Listen to the recording and choose the right answers.

Hǎilún shì　　　　liúxuéshēng.
（1）海伦 是 ______ 留学生。

Měiguó　　Rìběn　　Yīngguó
A. 美国　　B. 日本　　C. 英国

Hǎilún zài Měiguó
（2）海伦 在 美国 ______。

chīguo zhōngguócài　　xuéguo Hànyǔ　　kànguo Zhōngguó diànyǐng
A. 吃过 中国菜　　B. 学过 汉语　　C. 看过 中国 电影

Hǎilún xià gè zhōumò dǎsuàn
（3）海伦 下 个 周末 打算 ______。

chī kǎoyā, qù bówùguǎn　　chī kǎoyā, kàn diànyǐng　　xué Hànyǔ, qù bówùguǎn
A. 吃 烤鸭，去 博物馆　　B. 吃 烤鸭，看 电影　　C. 学 汉语，去 博物馆

Hǎilún dǎsuàn　　　　gēn péngyou yìqǐ chī fàn.
（4）海伦 打算 ______ 跟 朋友 一起 吃 饭。

xià gè xīngqītiān zhōngwǔ　　xià gè xīngqīliù wǎnshang　　xià gè xīngqīliù zhōngwǔ
A. 下 个 星期天 中午　　B. 下 个 星期六 晚上　　C. 下 个 星期六 中午

阅读练习 Reading

1. 根据拼音填写汉字。

Write characters according to the *pinyin*.

Tiánzhōng, Ōuwén hé Wénlì shì hǎo péngyou, zhège zhōumò tāmen xiǎng yìqǐ qù wánr, qù
田中、欧文 和 文丽 是 好 朋友，这个 周末 他们 想 一起 去 玩儿，去

nǎr ne? Ōuwén hěn xǐhuan dòngwù, tā xiǎng qù jiāoqū de dòngwùyuán kàn xióngmāo, yīnwèi
哪儿 呢？欧文 很 喜欢（　　　），他 想 去 郊区 的 动物园 看 熊猫，因为

tā méi qùguo, kěshì Tiánzhōng hé Wénlì dū bù gǎn xìngqù, tāmen dōu bù xiǎng qù. Tiánzhōng
他没去过，可是田中和文丽都不感(　　)，他们都不想去。田中

jiànyì qù chī kǎoyā, kěshì Wénlì shuō shàng gè xīngqī chīguo, bù xǐhuan kǎoyā de wèidao.
建议去吃烤鸭，可是文丽说上个星期吃过，不喜欢烤鸭的(　　)。

Wénlì dǎsuàn qù bówùguǎn, Ōuwén yǐjīng qùguo, dànshì hái xiǎng qù, Tiánzhōng yě yǒu
文丽打算去(　　)，欧文(　　)去过，但是还想去，田中也有

xìngqù. Tāmen juédìng yìqǐ qù.
兴趣。他们决定（to decide）一起去。

2. 根据短文内容连线。

Match the two parts of the sentences according to the passage.

Tiánzhōng 田中	méi qùguo jiāoqū de dòngwùyuán 没去过郊区的动物园
Ōuwén 欧文	xiǎng chī kǎoyā 想吃烤鸭
Wénlì 文丽	bù xiǎng qù kàn dòngwù 不想去看动物
Wénlì hé Tiánzhōng 文丽和田中	duì kǎoyā bù gǎn xìngqù 对烤鸭不感兴趣

选词填空 Choose a word to fill in each blank

méi　　guo　　le
A. 没　B. 过　C. 了

Nǐ chī sìchuāncài ba? Wèidao zěnmeyàng?
(1) 你吃________四川菜吧？味道怎么样？

Tā jīntiān chuān yí jiàn piàoliang de yīfu, dàjiā dōu shuō hěn hǎokàn.
(2) 她今天穿________一件漂亮的衣服，大家都说很好看。

Wǒ kànguo Zhōngguó diànyǐng, bù zhīdào hǎo bu hǎokàn.
(3) 我________看过中国电影，不知道好不好看。

想一想，本课你学到了哪些有用的词语和格式？请写在下面。

Think about the useful words and sentence patterns you have learned in this lesson and write them down below.

词语 Words：

句子 Sentence patterns：

Dì-shí kè Gěi nín tiān máfan le!

第十课 给您添麻烦了!

Lesson 10 Sorry to trouble you

本课目标 Goals of the lesson

功能 Functions：

（1）到中国人家里做客

To visit a Chinese person's home

（2）称赞主人的食物、房子等

To compliment on the food, house, etc. of a Chinese host

（3）介绍一道菜的味道

To introduce the flavor of a certain cuisine

一、热身 Warm-up

回答问题。

Answer the questions.

Nǐ qù zhōngguórén jiāli chīguo fàn ma?

1. 你 去 中国人 家里 吃过 饭 吗?

Have you ever had dinner at a Chinese person's home?

Nǐ xǐhuan chī shénme yàng de zhōngguócài?

2. 你 喜欢 吃 什么 样 的 中国菜?

What kind of Chinese food do you like to eat?

Shuō yíxià nǐ zhīdào de jǐ gè zhōngguócài de míngzi.

3. 说 一下 你 知道 的 几 个 中国菜 的 名字。

Say the names of several Chinese dishes you know.

二、词语 New words

1	做客	zuò kè	VO	to be a guest	去做客
2	敲门	qiāo mén		to knock on the door	请敲门。

3	欢迎	huānyíng	V	to welcome	欢迎来中国！
4	爱人	àiren	N	spouse	我的爱人
5	女儿	nǚ'ér	N	daughter	老师的女儿
6	儿子	érzi	N	son	我的儿子
7	出去	chū qù	VO	to go out	请出去。
8	孩子	háizi	N	child	小孩子
9	添麻烦	tiān máfan		to bother	给您添麻烦
	添	tiān	V	to add, to cause	添水
	麻烦	máfan	N	trouble	有麻烦
			A	troublesome	很麻烦
			V	to bother	麻烦你
10	别	bié	Adv	don't	别走
11	客气	kèqi	A	polite	不客气
12	饭	fàn	N	rice, meal	我的饭
13	辛苦	xīnkǔ	A	toilsome	很辛苦
14	麻婆豆腐	mápódòufu	N	Mapo tofu, name of a Chinese dish	我没吃过麻婆豆腐。
15	辣	là	A	spicy	非常辣
16	怕	pà	V	to be afraid	怕辣
17	糖醋鱼	tángcùyú	N	sweet and sour fish	我喜欢吃糖醋鱼。
18	酸	suān	A	sour	很酸
19	甜	tián	A	sweet	苹果很甜

选用以上词语填空 Choose a word from above to fill in each blank

Nǐ jīntiān jǐ diǎn ?
（1）你 今天 几 点（　　　）？

Wáng lǎoshī yǒu liǎng gè , dōu shì nǚ'ér
（2）王 老师 有 两 个（　　　），都 是 女儿。

Tā měi tiān gōngzuò shí'èr gè xiǎoshí, hěn .
（3）他 每 天 工作 十二 个 小时，很（　　　）。

Shàng kè de shíhou qǐng chī dōngxi.
（4）上课 的 时候 请（　　　）吃 东西。

Tīngshuō mápódòufu fēicháng .
（5）听说 麻婆豆腐 非常（　　　）。

三、活动 Activity

两人一组，模仿范例看图问答。

Work in pairs and ask and answer questions about the pictures after the example.

例 For example：

qù 去	bówùguǎn 博物馆	dòngwùyuán 动物园

Nǐ qùguo bówùguǎn ma?
A：你 去过 博物馆 吗？

Qùguo.
B：去过。

Shénme shíhou qù de?
A：什么 时候 去 的？

Shàng gè xīngqī qù de.
B：上 个 星期 去 的。

Chúle bówùguǎn yǐwài, nǐ hái qùguo nǎr?
A：除了 博物馆 以外，你 还 去过 哪儿？

Wǒ hái qùguo dòngwùyuán.
B：我 还 去过 动物园。

1.

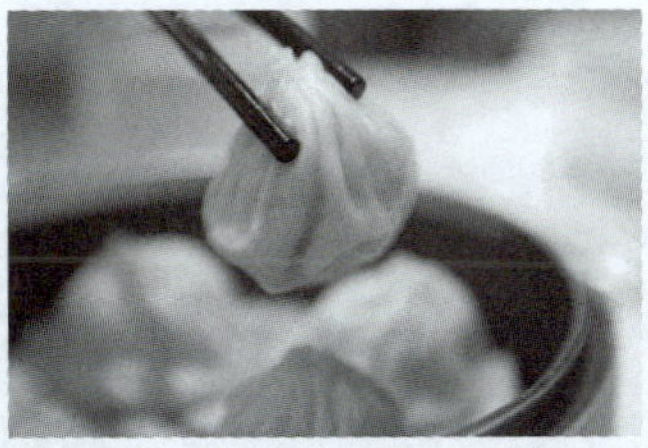

chī 吃	sìchuāncài 四川菜	shànghǎicài 上海菜

2.

jiàn 见	àiren 爱人	háizi 孩子

3.

kàn
看

yīngyǔshū
英语书

hànyǔshū
汉语书

4.

gěi … dǎ diànhuà
给……打 电话

Huáng lǎoshī
黄 老师

Mǎ lǎoshī
马 老师

5.

mǎi
买

yīfu
衣服

xié
鞋

6.

cānjiā
参加

lánqiú bǐsài
篮球 比赛

wǎngqiú bǐsài
网球 比赛

四、课文（一） Text (1)

10-1

听录音，判断对错
Listen to the recording and decide whether the following statements are true or false

Huáng lǎoshī fēicháng huānyíng Tiánzhōng qù tā jiā.
（1） 黄 老师 非常 欢迎 田中 去她家。（ ）

Huáng lǎoshī jiā yòu dà yòu piàoliang.
（2） 黄 老师 家 又 大 又 漂亮。（ ）

Huáng lǎoshī de àiren bú zài jiā, nǚ'ér zài jiā.
（3） 黄 老师 的 爱人 不 在 家，女儿 在 家。（ ）

Tiánzhōng xiǎng hē chá.
（4） 田中 想 喝 茶。（ ）

听录音，回答问题 Listen to the recording and answer the questions

Huáng lǎoshī jiā yígòng jǐ gè rén?
（1） 黄 老师 家 一共 几 个 人？

Huáng lǎoshī de háizi zài jiā ma?
（2） 黄 老师 的 孩子 在 家 吗？

Tiánzhōng shì shàngwǔ háishi xiàwǔ qù Huáng lǎoshī jiā de?
（3） 田中 是 上午 还是 下午 去 黄 老师 家 的？

Huáng lǎoshī jiā jǐ gè rén gōngzuò?
（4） 黄 老师 家 几 个 人 工作？

分角色朗读下面的对话 Role-play the dialogue

Tiánzhōng qù Huáng lǎoshī jiā zuòkè, tā zài qiāo mén …
田中 去 黄 老师 家 做客，他 在 敲 门……

Tanaka goes to visit Miss Huang's home. He is knocking on the door…

Huáng lǎoshī: Shéi a?
黄 老师：谁 啊？

Tiánzhōng: Shì wǒ, Tiánzhōng.
田中：是 我，田中。

Huáng lǎoshī: Tiánzhōng, nǐ hǎo! Huānyíng! Qǐng jìn!
黄 老师：田中，你好！欢迎！请 进！

Tiánzhōng: Huáng lǎoshī, nín jiā zhēn dà, zhēn piàoliang!
田中：黄 老师，您家真大，真 漂亮！

Huáng lǎoshī: Xièxie! Qǐng zuò!
黄 老师：谢谢！请 坐！

Tiánzhōng: Huáng lǎoshī, jīntiān nín yí gè rén zài jiā?
田中：黄 老师，今天您一个人在家？

Huáng lǎoshī: Duì, wǒ àiren hé háizi dōu chū qù le, àiren yǒu gōngzuò,
黄 老师：对，我爱人和孩子都出去了，爱人有工作，

háizi zhōngwǔ yǒu yuēhuì.
孩子 中午 有约会。

Tiánzhōng: Nín yǒu jǐ gè háizi?
田中：您有几个孩子？

Huáng lǎoshī: Liǎng gè, yí gè nǚ'ér, yí gè érzi, dōu gōngzuò le.
黄 老师：两个，一个女儿，一个儿子，都 工作 了。

Nǐ hē chá háishi kāfēi?
你喝茶还是咖啡？

Tiánzhōng: Gěi nín tiān máfan le. Wǒ hē kāfēi ba.
田中：给您添麻烦了。我喝咖啡吧。

Huáng lǎoshī: Bié kèqi, bù máfan.
黄 老师：别客气，不麻烦。

五、课文（二） Text (2)

10-2

听录音，回答问题 Listen to the recording and answer the questions

Là de cài jiào shénme míngzi?
(1)辣的菜叫什么名字?

Tángcùyú wèidao zěnmeyàng?
(2)糖醋鱼味道怎么样?

Tiánzhōng chīguo tángcùyú ma?
(3)田中吃过糖醋鱼吗?

Tiánzhōng pà bú pà là?
(4)田中怕不怕辣?

分角色朗读下面的对话 Role-play the dialogue

Huáng lǎoshī zuòhǎole cài …
黄老师做好了菜…… Miss Huang has prepared the meal...

Huáng lǎoshī: Dùzi èle méiyǒu? Wǒmen chī fàn ba!
黄老师：肚子饿了没有？我们吃饭吧！

Tiánzhōng: Zuòle zhème duō cài, nín xīnkǔ le!
田中：做了这么多菜，您辛苦了！

Huáng lǎoshī: Bù duō, bù duō! Cháng yíxià hǎochī bù hǎochī?
黄老师：不多，不多！尝一下好吃不好吃？

Tiánzhōng: Hǎo de. Zhè shì mápódòufu ba, hàochī jí le!
田中：好的。这是麻婆豆腐吧，好吃极了！

Huáng lǎoshī: Hěn là ba? Tiánzhōng, nǐ pà bú pà là?
黄老师：很辣吧？田中，你怕不怕辣？

Tiánzhōng: Bú pà! Zhège cài jiào shénme? Wèidao yòu suān yòu tián.
田中：不怕！这个菜叫什么？味道又酸又甜。

Huáng lǎoshī: Zhè shì tángcùyú.
黄 老师：这是糖醋鱼。

Tiánzhōng: Tài hǎochī le. Huáng lǎoshī, nín zhēn huì zuò cài!
田中： 太好吃了。黄 老师，您真会做菜！

Huáng lǎoshī: Nǎlǐ nǎlǐ! Xǐhuan de huà, duō chī yìdiǎnr!
黄 老师：哪里哪里！喜欢的话，多吃一点儿！

Tiánzhōng: Xiè xie.
田中： 谢谢。

Chī wán fàn, Tiánzhōng yào huí xuéxiào …
吃完饭，田中要回学校……
After the meal, Tanaka will go back to school...

Tiánzhōng: Jīntiān gěi nín tiān máfan le!
田中： 今天给您添麻烦了！

Huáng lǎoshī: Nǎlǐ, huānyíng zài lái.
黄 老师：哪里，欢迎再来。

六、活动 Activities

头脑风暴 Brainstorm

四人一组，一起说说知道的中国菜的名字，并且说出它的特点，然后每组派一个代表汇报，看看哪组说得多。

Work in groups of four and say the names of Chinese dishes you know and their features. Each group chooses a student to report and see which group comes out with the most.

例 For example:

mápódòufu 麻婆豆腐　　tángcùyú 糖醋鱼

là 辣　　yòu suān yòu tián 又酸又甜

情景模拟 Simlulation

三人一组，仿照课文范例，两人一起到中国朋友家做客，从进门欢迎，到接待，到吃晚饭，主人热情接待，客人礼貌回应。

Work in groups of three following the text. Suppose two people are visiting a Chinese friend's home. The host receives the guests warmly and the guests respond courteously.

七、拓展练习 Extended exercises

听力练习 Listening 10-3

1. 听录音，判断对错。

Listen to the recording and decide whether the following statements are true or false.

Zhège fàndiàn de tángcùyú hěn yǒu míng.
（1）这个 饭店 的 糖醋鱼 很 有名。（ ）

Zhège fàndiàn de niúròu hěn là.
（2）这个 饭店 的 牛肉 很 辣。（ ）

Nán de yàole yì wǎn mǐfàn.
（3）男 的 要了 一 碗 米饭。（ ）

Nán de méiyǒu yào hē de.
（4）男 的 没有 要 喝 的。（ ）

2. 听录音，选择填空。

Listen to the recording and choose the right answers.

Fàndiàn de rén jiànyì nán de chī shénme?
（1）饭店 的 人 建议 男 的 吃 什么？（ ）

niúròu A. 牛肉　　chá B. 茶　　tángcùyú C. 糖醋鱼

Nán de bù xǐhuan shénme wèidao de cài?
（2）男 的 不 喜欢 什么 味道 的 菜？（ ）

là de A. 辣 的　　tián de B. 甜 的　　suān de C. 酸 的

Nán de yàole jǐ gè cài?
（3）男的要了几个菜？（　　）

liǎng gè / sān gè / sì gè
A. 两个　B. 三个　C. 四个

Nán de hē shénme?
（4）男的喝什么？（　　）

yì bēi kělè / yì píng kělè / yì bēi chá
A. 一杯可乐　B. 一瓶可乐　C. 一杯茶

阅读练习 Reading

1. 根据拼音填写汉字。

Write characters according to the *pinyin*.

Tiánzhōng hé Kǎmǎlā hái méi qùguo zhōngguórén de jiāli. Shàng gè xīngqītiān, Zhāng lǎoshī qǐng tāmen qù jiāli chī fàn, tāmen fēicháng gāoxìng.
田中和卡玛拉还没去过中国人的家里。上个星期天，张老师请他们去家里吃饭，他们非常高兴。

Zhāng lǎoshī jiā hěn yuǎn, tāmen shì zuò dìtiě qù de. Zhāng lǎoshī yǒu yí gè nǚ'ér, yí gè érzi, dōu fēicháng cōngming, kě'ài. Kǎmǎlā hěn xǐhuan tāmen, gēn tāmen yìqǐ pāile hěn duō zhàopiàn. Zhāng lǎoshī de àiren hěn huì zuò cài, tā zuòle hěn duō cài, yǒu là de, yǒu tián de, yǒu suān de, wèidao dōu hǎojí le. Zhāng lǎoshī huānyíng tāmen zài qù tā jiā wánr.
张老师家很远，他们是坐地铁去的。张老师有一个（　　），一个（　　），都非常聪明、可爱。卡玛拉很喜欢他们，跟他们一起拍了很多照片。张老师的（　　）很会做菜，他做了很多菜，有（　　）的，有甜的，有酸的，味道都好极了。张老师（　　）他们再去她家玩儿。

2. 根据短文内容选择

Choose the right answers according to the passage.

Tiánzhōng hé Kǎmǎlā shì zěnme qù Zhāng lǎoshī jiā de?
（1）田中和卡玛拉是怎么去张老师家的？（　　）

zuò dìtiě / zǒu lù / zuò gōngjiāochē
A. 坐地铁　B. 走路　C. 坐公交车

Zhāng lǎoshī jiā yǒu jǐ kǒu rén?
（2）张 老师 家 有 几 口 人？（　　　）

sān kǒu A. 三 口	sì kǒu B. 四 口	wǔ kǒu C. 五 口

Háizi gēn shéi yìqǐ pāile zhào?
（3）孩子 跟 谁 一起 拍了 照？（　　　）

Zhāng lǎoshī A. 张 老师	Kǎmǎlā B. 卡玛拉	Tiánzhōng hé Kǎmǎlā C. 田中 和 卡玛拉

Shéi zuò de cài?
（4）谁 做 的 菜？（　　　）

Zhāng lǎoshī de àiren A. 张 老师 的 爱人	Zhāng lǎoshī B. 张 老师	Zhāng lǎoshī hé tā de àiren C. 张 老师 和 她 的 爱人

组词成句 Rearrange the words into sentences

gěi péngyou tā dǎ diànhuà zài
（1）给 朋友 他 打 电话 在

____

jǐ diǎn zuótiān nǐ de huí jiā
（2）几 点 昨天 你 的 回 家

____

méi chī kǎoyā wǒ guo
（3）没 吃 烤鸭 我 过

____

shuō huì yìdiǎnr Yīngyǔ zhǐ tā
（4）说 会 一点儿 英语 只 他

____

想一想，本课你学到了哪些有用的词语和格式？请写在下面。

Think about the useful words and sentence patterns you have learned in this lesson and write them down below.

词语 Words：

句子 Sentence patterns：

生词表

Vocabulary

生词 New word	拼音 *Pinyin*	课号 Lesson
A		
爱	ài	6
爱人	àiren	10
B		
半	bàn	2
帮	bāng	5
本	běn	6
比赛	bǐsài	5
笔	bǐ	3
遍	biàn	3
别	bié	10
别人	biérén	1
博物馆	bówùguǎn	6
不错	búcuò	4
不太	bú tài	4
不好意思	bù hǎoyìsi	5
C		
参观	cānguān	6
参加	cānjiā	5
尝	cháng	8
常	cháng	1
常常	chángcháng	1
唱	chàng	1
唱歌	chàng gē	1
衬衫	chènshān	4
出去	chū qù	10
除了……以外	chúle…yǐwài	8
穿	chuān	4
次	cì	1
聪明	cōngming	8
D		
打	dǎ	1
打电话	dǎ diànhuà	3
打球	dǎ qiú	1
打算	dǎsuàn	9
大小	dàxiǎo	4
当然	dāngrán	7
的话	dehuà	9
等	děng	3
地方	dìfang	9
点（钟）	diǎn（zhōng）	2
电	diàn	3
电话	diànhuà	3
电脑	diànnǎo	3
电视	diànshì	1
东西	dōngxi	5
动物	dòngwù	9
动物园	dòngwùyuán	9
肚子	dùzi	9
对	duì	7/9
对……感兴趣	duì…gǎn xìngqù	9
对了	duìle	3

生词 New word	拼音 Pinyin	课号 Lesson
多长	duō cháng	7
E		
儿子	érzi	10
F		
法国	Fǎguó	7
法语	Fǎyǔ	8
饭	fàn	10
非常	fēicháng	6
分	fēn	2
风景	fēngjǐng	6
G		
感	gǎn	9
感谢	gǎnxiè	9
告诉	gàosu	7
歌	gē	1
给	gěi	3
跟	gēn	5
公园	gōngyuán	6
功夫熊猫	Gōngfu Xióngmāo	9
贵	guì	4
过	guo	9
H		
哈哈	hāhā	7
孩子	háizi	10
好喝	hǎohē	8
好看	hǎokàn	7
好听	hǎotīng	1
好玩儿	hǎowánr	6
号	hào	31
号码	hàomǎ	3/4
合适	héshì	4
黑	hēi	4
红	hóng	4
HSK		5
欢迎	huānyíng	10
回	huí	8
回来	huí lái	8
会	huì	8
或者	huòzhě	2
J		
……极了	…jí le	9
件	jiàn	4
建议	jiànyì	9
郊区	jiāoqū	9
觉得	juéde	4
街舞	jiēwǔ	1
借	jiè	3
酒	jiǔ	8
K		
看上去	kàn shàngqù	6
考试	kǎoshì	5
烤鸭	kǎoyā	9
可是	kěshì	3
可以	kěyǐ	3
刻	kè	2
客气	kèqi	10
课	kè	2
空气	kōngqì	6
L		
辣	là	10
蓝	lán	4
篮球	lánqiú	1
了	le	6
累	lèi	6
里	li	6
旅行	lǚxíng	5

生词 New word	拼音 *Pinyin*	课号 Lesson
M		
麻烦	máfan	10
麻婆豆腐	mápódòufu	10
买	mǎi	4
慢	màn	3
忙	máng	5
没问题	méi wèntí	3
每天	měi tiān	2
美	měi	6
门口	ménkǒu	2
门票	ménpiào	6
N		
哪里	nǎlǐ	8
难	nán	5
年	nián	7
女儿	nǚ'ér	10
P		
怕	pà	10
拍	pāi	6
票	piào	6
平时	píngshí	1
瓶	píng	8
Q		
骑	qí	7
起床	qǐ chuáng	2
敲门	qiāo mén	10
球	qiú	1
去年	qùnián	7
R		
日语	Rìyǔ	8
S		
色	sè	4
沙拉	shālā	8

生词 New word	拼音 *Pinyin*	课号 Lesson
上个	shàng gè	6
上课	shàng kè	2
上午	shàngwǔ	5
时候	shíhou	5
时间	shíjiān	7
市中心	shìzhōngxīn	9
试	shì	4
手机	shǒujī	3
双	shuāng	4
水果	shuǐguǒ	8
睡	shuì	2
睡觉	shuì jiào	2
说	shuō	3
酸	suān	10
T		
糖醋鱼	tángcùyú	10
添	tiān	10
添麻烦	tiān máfan	10
田中	Tiánzhōng	1
甜	tián	10
跳	tiào	1
跳舞	tiào wǔ	1
听	tīng	1
听说	tīngshuō	7
图书馆	túshūguǎn	5
W		
外语	wàiyǔ	8
玩儿	wánr	7
晚	wǎn	2
忘	wàng	7
微信	wēixìn	7
位	wèi	5
味道	wèidao	9

生词 New word	拼音 *Pinyin*	课号 Lesson
喂	wèi	5
舞	wǔ	1
X		
下次	xià cì	1
下个	xià gè	1
下课	xià kè	2
下午	xiàwǔ	5
现在	xiànzài	2
小时	xiǎoshí	7
行	xíng	1/7
鞋	xié	4
写	xiě	3
辛苦	xīnkǔ	10
兴趣	xìngqù	9
熊猫	xióngmāo	9
学校	xuéxiào	2
Y		
颜色	yánsè	4
衣服	yīfu	4
一下	yíxià	3
遗憾	yíhàn	9
已经	yǐjīng	9
一边……，一边……	yìbiān…, yìbiān…	1
一起	yìqǐ	1
一些	yìxiē	6
因为	yīnwèi	2
音乐	yīnyuè	1

生词 New word	拼音 *Pinyin*	课号 Lesson
用	yòng	3
有点儿	yǒudiǎnr	5
有时	yǒushí	2
有时候	yǒushíhou	2
有意思	yǒu yìsi	7
约会	yuēhuì	9
Z		
在	zài	1
早	zǎo	2
张	zhāng	7
找	zhǎo	3
这么	zhème	2
真	zhēn	6
真的	zhēn de	8
正	zhèng	1
正在	zhèngzài	1
支	zhī	3
只	zhǐ	1
中午	zhōngwǔ	2
周末	zhōumò	1
准备	zhǔnbèi	5
自己	zìjǐ	7
自行车	zìxíngchē	7
最近	zuìjìn	7
昨天	zuótiān	5
左右	zuǒyòu	2
做菜	zuò cài	8
做客	zuò kè	10

录音文本

Listening script

第一课

拓展练习 Extended exercises

Xiǎomíng: Wénlì, nǐ píngshí xǐhuan zuò shénme?
小明： 文丽，你 平时 喜欢 做 什么？

Wénlí: Wǒ xǐhuan kàn shū, hái xǐhuan kàn diànshì.
文丽： 我 喜欢 看 书，还 喜欢 看 电视。

Xiǎomíng: Nǐ xǐhuan kàn shénme shū, hànyǔshū háishi yīngyǔshū?
小明： 你 喜欢 看 什么 书，汉语书 还是 英语书？

Wénlí: Wǒ xǐhuan kàn hànyǔshū. Nǐ ne, nǐ píngshí xǐhuan zuò shénme?
文丽： 我 喜欢 看 汉语书。你 呢，你 平时 喜欢 做 什么？

Xiǎomíng: Wǒ xǐhuan kàn diànyǐng, wǒ hěn xǐhuan kàn Yīngguó diànyǐng, wǒ hái xǐhuan chàng gē.
小明： 我 喜欢 看 电影，我 很 喜欢 看 英国 电影，我 还 喜欢 唱 歌。

Wénlí: Nǐ xǐhuan chàng shénme gē?
文丽： 你 喜欢 唱 什么 歌？

Xiǎomíng: Wǒ xǐhuan chàng zhōngwéngē.
小明： 我 喜欢 唱 中文歌。

Wénlí: Nǐ xǐhuan yìbiān chàng gē, yìbiān tiào wǔ ma?
文丽： 你 喜欢 一边 唱 歌，一边 跳舞 吗？

Xiǎomíng: Bù! Wǒ zhǐ xǐhuan chàng gē, bù xǐhuan yìbiān chàng gē, yìbiān tiào wǔ.
小明： 不！我 只 喜欢 唱 歌，不 喜欢 一边 唱 歌，一边 跳舞。

第二课

拓展练习 Extended exercises

Tiánzhōng: Hǎilún, nǐ hǎo!
田中： 海伦，你 好！

Hǎilún: Tiánzhōng, nǐ hǎo!
海伦： 田中， 你 好！

Tiánzhōng: Nǐ qù nǎr ?
田中： 你 去 哪儿？

Hǎilún: Wǒ qù shàng kè.
海伦： 我 去 上课。

Tiánzhōng: Nǐ jǐ diǎn shàng kè?
田中： 你 几 点 上课？

Hǎilún: Jiǔ diǎn yí kè. Nǐ yě qù shàng kè ma?
海伦： 九 点 一 刻。你 也 去 上课 吗？

Tiánzhōng: Bù, wǒ qù dǎ qiú, wǒ jīntiān shàngwǔ méiyǒu kè, xiàwǔ yī diǎn bàn yǒu kè.
田中： 不，我 去 打 球，我 今天 上午 没有 课，下午 一 点 半 有 课。

Hǎilún: Wǒ yě hěn xǐhuan dǎ qiú. Wǒmen xīngqīliù xiàwǔ yìqǐ dǎ qiú, hǎo ma?
海伦： 我 也 很 喜欢 打 球。 我们 星期六 下午 一起 打 球，好 吗？

Tiánzhōng: Xīngqīliù zhōngwǔ shí'èr diǎn wǒ qù kàn diànyǐng, xiàwǔ sān diǎn bàn zěnmeyàng?
田中： 星期六 中午 十二 点 我 去 看 电影， 下午 三 点 半 怎么样？

Hǎilún: Sān diǎn bàn? Hǎo!
海伦： 三 点 半？ 好！

Tiánzhōng: Xīngqīliù sān diǎn bàn, xuéxiào ménkǒu jiàn!
田中： 星期六 三 点 半， 学校 门口 见！

第三课

拓展练习 Extended exercises

Wénlí: Ōuwén, míngnián wǒ yào qù Měiguó xuéxí, kěshì wǒ de Yīngyǔ bù hǎo, nǐ kěyǐ jiāo wǒ ma?
文丽： 欧文， 明年 我 要 去 美国 学习，可是 我 的 英语 不 好，你 可以 教 我 吗？

Ōuwén: Méi wèntí.
欧文： 没 问题。

Wénlí: Hǎo! Duìle, nǐ de shǒujīhào shì duōshao?
文丽： 好！对了，你 的 手机号 是 多少？

Ōuwén: Wǒ de shǒujīhào shì 137-0219-6734.
欧文： 我 的 手机号 是 137-0219-6734。

Wénlí: Duìbuqǐ, nǐ màn yìdiǎnr.
文丽：对不起，你 慢 一点儿。

Ōuwén: Hǎo, 137-0219-6734.
欧文：好， 137-0219-6734。

Wénlí: Shì 137-0219-6434 ma?
文丽：是 137-0219-6434 吗？

Ōuwén: Bú duì, shì 6734.
欧文：不 对，是 6734。

Wénlí: Hǎo. Xièxie! Nǐ yǒu wǒ de diànhuà hàomǎ ma?
文丽：好。谢谢！你 有 我 的 电话 号码 吗？

Ōuwén: Wǒ kàn yíxià, yǒu, zài wǒ de shǒujī li, nǐ de hàomǎ shì 189-4327-5630,
欧文：我 看 一下，有，在 我 的 手机 里，你 的 号码 是 189-4327-5630，

duì ma?
对 吗？

Wénlí: Duì. Wǒ yǒu kòngr gěi nǐ dǎ diànhuà!
文丽：对。我 有 空儿 给 你 打 电话！

第四课

拓展练习 Extended exercises

Xiānsheng, nín hǎo! Qǐngwèn nín xiǎng mǎi shénme?
A：先生， 您 好！ 请问 您 想 买 什么？

Wǒ xiǎng mǎi Píngguǒ shǒujī.
B：我 想 买 苹果 手机。

Nín xiǎng mǎi shénme yánsè de?
A：您 想 买 什么 颜色 的？

Wǒ bù zhīdào, kěyǐ kàn yíxià ma?
B：我 不 知道，可以 看 一下 吗？

Kěyǐ, yě kěyǐ shì yíxià.
A：可以，也 可以 试 一下。

Wǒ juéde zhège dàxiǎo héshì, yánsè yě búcuò. Jiù yào zhège ba.
B：我 觉得 这个 大小 合适，颜色 也 不错。就 要 这个 吧。

Hǎo de, 6500 kuài.
A：好 的，6500 块。

Kěyǐ piányi yìdiǎnr ma? 6000 kuài zěnmeyàng?
B：可以 便宜 一点儿 吗？ 6000 块 怎么样？

Duìbuqǐ, bù néng piányi.
A：对不起，不 能 便宜。

Nà jiù 6500 kuài ba.
B：那 就 6500 块 吧。

第五课

拓展练习 Extended exercises

Hǎilún: Wèi, nǐ hǎo! Shì Tiánzhōng ma?
海伦： 喂，你 好！是 田中 吗？

Tiánzhōng: Shì, shì Hǎilún ba?
田中： 是，是 海伦 吧？

Hǎilún: Duì, shì wǒ. Nǐ xià gè xīngqīsān wǎnshang qī diǎn yǒu kòngr ma?
海伦： 对，是 我。你 下 个 星期三 晚上 七 点 有 空儿 吗？

Tiánzhōng: Xià gè xīngqīsān? wǒ xiǎngxiang..., méi wèntí, wǒ yǒu kòngr.
田中： 下 个 星期三？ 我 想想……， 没 问题，我 有 空儿。

Hǎilún: Tài hǎo le! Wǒ xià gè xīngqīsān yào cānjiā chàng gē bǐsài. Wǒ xiǎng qǐng nǐ lái kàn bǐsài.
海伦： 太 好 了！我 下 个 星期三 要 参加 唱 歌 比赛。我 想 请 你 来 看 比赛。

Tiánzhōng: Nǐ yào cānjiā bǐsài? Nǐ yòng Hànyǔ chàng háishi yòng Yīngyǔ chàng?
田中： 你 要 参加 比赛？你 用 汉语 唱 还是 用 英语 唱？

Hǎilún: Wǒ yòng Hànyǔ chàng, Kǎmǎlā yòng Yīngyǔ chàng.
海伦： 我 用 汉语 唱，卡玛拉 用 英语 唱。

Tiánzhōng: Nǐ zhēn xíng!
田中： 你 真 行！

Hǎilún: Wǒ yě xiǎng qǐng Gāo Xiǎomíng hé Ōuwén lái kàn, nǐ kěyǐ gēn tāmen yìqǐ lái.
海伦： 我 也 想 请 高 小明 和 欧文 来 看，你 可以 跟 他们 一起 来。

Tiánzhōng: Xiǎomíng xià gè xīngqī'èr qù lǚxíng, wǒ gēn Ōuwén yìqǐ lái ba.
田中： 小明 下 个 星期二 去 旅行，我 跟 欧文 一起 来 吧。

Hǎilún: Hǎo, xièxie!
海伦：好，谢谢！

第六课

拓展练习 Extended exercises

Hǎilún: Tiánzhōng, nǐ zhōumò zuò shénme le?
海伦：田中，你 周末 做 什么 了？

Tiánzhōng: Wǒ qù shūdiàn le.
田中：我 去 书店 了。

Hǎilún: Nǐ zhēn ài kàn shū. Nǐ qùle xuéxiào li de nà jiā shūdiàn ma?
海伦：你 真 爱 看 书。你 去了 学校 里 的 那 家 书店 吗？

Tiánzhōng: Bù, wǒ qùle xuéxiào duìmiàn de shūdiàn.
田中：不，我 去了 学校 对面 的 书店。

Hǎilún: Nà jiā shūdiàn zěnmeyàng?
海伦：那 家 书店 怎么样？

Tiánzhōng: Fēicháng hǎo! Nà jiā shūdiàn hěn dà, shū fēicháng duō, yě hěn piányi, mǎi shū
田中：非常 好！那 家 书店 很 大，书 非常 多，也 很 便宜，买 书

de rén hěn duō.
的 人 很 多。

Hǎilún: Nǐ mǎile shénme?
海伦：你 买了 什么？

Tiánzhōng: Wǒ mǎile liǎng běn hànyǔshū hé yìxiē CD.
田中：我 买了 两 本 汉语书 和 一些 CD。

Hǎilún: Nǐ mǎile shénme CD?
海伦：你 买了 什么 CD？

Tiánzhōng: Wǒ mǎile zhōngguógē de CD, hěn hǎotīng!
田中：我 买了 中国歌 的 CD，很 好听！

Hǎilún: Nǐ zhēn ài chàng gē.
海伦：你 真 爱 唱 歌。

Tiánzhōng: Bú shì ài chàng gē, shì ài tīng gē!
田中：不 是 爱 唱 歌，是 爱 听 歌！

第七课

拓展练习 Extended exercises

Hǎilún: Měijīng, nǐ de chènshān zhēn piàoliang!
海伦： 美京，你的 衬衫 真 漂亮！

Měijīng: Xièxie nǐ, Hǎilún! Wǒ yě hěn xǐhuan zhè jiàn.
美京： 谢谢 你，海伦！我 也 很 喜欢 这 件。

Hǎilún: Shì nǐ zìjǐ mǎi de ma?
海伦： 是 你 自己 买 的 吗？

Měijīng: Bú shì, shì wǒ hé māma yìqǐ mǎi de.
美京： 不 是，是 我 和 妈妈 一起 买 的。

Hǎilún: Shì zuìjìn mǎi de ma?
海伦： 是 最近 买 的 吗？

Měijīng: Bú shì, shì qùnián mǎi de.
美京： 不 是，是 去年 买 的。

Hǎilún: Shì zài Zhōngguó mǎi de ma?
海伦： 是 在 中国 买 的 吗？

Měijīng: Duì, shì zài Zhōngguó mǎi de.
美京： 对，是 在 中国 买 的。

Hǎilún: Nǐ de yīfu dōu hěn piàoliang. Xià cì wǒ kěyǐ gēn nǐ yìqǐ mǎi yīfu ma? Wǒ xiǎng qǐng nǐ bāng wǒ.
海伦： 你 的 衣服 都 很 漂亮。 下 次 我 可以 跟 你 一起 买 衣服 吗？我 想 请 你 帮 我。

Měijīng: Hǎo, méi wèntí!
美京： 好，没 问题！

第八课

拓展练习 Extended exercises

Hán Měijīng: Ōuwén, nǐ zài tīng gē ma?
韩 美京： 欧文，你 在 听 歌 吗？

Ōuwén: Duì, wǒ zài tīng fǎyǔgē.
欧文： 对，我 在 听 法语歌。

Hán Měijīng: Nǐ huì shuō Fǎyǔ?
韩 美京： 你 会 说 法语？

Ōuwén: Dāngrán huì, wǒ hěn xǐhuan Fǎyǔ. Nǐ huì shuō Fǎyǔ ma?
欧文： 当然 会，我 很 喜欢 法语。你 会 说 法语 吗？

Hán Měijīng: Bú huì. Tīngshuō Fǎyǔ hěn nán?
韩 美京：不 会。 听说 法语 很 难？

Ōuwén: Wǒ juéde Fǎyǔ yǒudiǎnr nán, búguò Fǎyǔ hěn hǎotīng!
欧文： 我 觉得 法语 有点儿 难，不过 法语 很 好听！

Hán Měijīng: Chúle Fǎyǔ hé Hànyǔ yǐwài, nǐ hái huì shuō shénme wàiyǔ?
韩 美京：除了 法语 和 汉语 以外，你 还 会 说 什么 外语？

Ōuwén: Wǒ zhǐ huì shuō Fǎyǔ hé Hànyǔ, bié de bú huì le. Chúle Hànyǔ yǐwài, nǐ hái huì shuō shénme wàiyǔ?
欧文： 我 只 会 说 法语和 汉语，别 的 不 会 了。除了 汉语 以外，你 还 会 说 什么 外语？

Hán Měijīng: Wǒ hái huì shuō yìdiǎnr Yīngyǔ, huì chàng yìxiē yīngwéngē.
韩 美京：我 还 会 说 一点儿 英语，会 唱 一些 英文歌。

Ōuwén: Wǒ huì chàng yìdiǎnr zhōngwéngē. Wǒmen zhōumò yìqǐ qù chàng gē ba!
欧文： 我 会 唱 一点儿 中文歌。 我们 周末 一起 去 唱 歌 吧！

Hán Měijīng: Tài hǎo le!
韩 美京：太 好 了！

第九课

拓展练习 Extended exercises

Hǎilún shì Měiguó liúxuéshēng, jīnnián lái Zhōngguó xuéxí Hànyǔ. Zài Měiguó, tā méi xuéguo Hànyǔ, yě méi chīguo zhōngguócài, búguò tā duì Zhōngguó diànyǐng hěn gǎn xìngqù, kànguo hěn duō Zhōngguó diànyǐng. Xiànzài, tā měi tiān xuéxí Hànyǔ, chī zhōngguócài. Ōuwén gàosu tā xuéxiào fùjìn yǒu yì jiā yǒumíng de kǎoyādiàn, zuótiān qù chīguo, wèidao hǎojí le, jiànyì tā cháng yíxià. Yīnwèi méi chīguo kǎoyā, Hǎilún dǎsuàn xià gè xīngqīliù zhōngwǔ hé péngyou yìqǐ qù chī kǎoyā, xiàwǔ cānguān shìzhōngxīn de bówùguǎn.
海伦 是 美国 留学生，今年 来 中国 学习 汉语。在 美国，她 没 学过 汉语，也 没 吃过 中国菜，不过 她 对 中国 电影 很 感 兴趣，看过 很 多 中国 电影。现在，她 每 天 学习 汉语，吃 中国菜。欧文 告诉 她 学校 附近 有 一 家 有名 的 烤鸭店，昨天 去 吃过，味道 好极 了，建议 她 尝 一下。因为 没 吃过 烤鸭，海伦 打算 下 个 星期六 中午 和 朋友 一起 去 吃 烤鸭，下午 参观 市中心 的 博物馆。

第十课

拓展练习 Extended exercises

Xiānsheng, nín xiǎng chī diǎnr shénme?
A: 先生，您想吃点儿什么？

Nǐmen fàndiàn yǒu shénme hàochī de?
B: 你们饭店有什么好吃的？

Wǒmen de tángcùyú hěn hǎochī, wèidao yòu suān yòu tián, hěn duō rén xǐhuan.
A: 我们的糖醋鱼很好吃，味道又酸又甜，很多人喜欢。

Hǎo de, lái yí gè tángcùyú ba. Qǐngwèn nǐmen de niúròu zěnmeyàng?
B: 好的，来一个糖醋鱼吧。请问你们的牛肉怎么样？

Wǒmen de niúròu yě hěn yǒu míng, yào ma?
A: 我们的牛肉也很有名，要吗？

Niúròu là ma?
B: 牛肉辣吗？

Bú là.
A: 不辣。

Hǎo, yào yí gè ba. Zài lái yí gè qīngcài hé liǎng wǎn mǐfàn.
B: 好，要一个吧。再来一个青菜和两碗米饭。

Qǐngwèn nín hē diǎnr shénme?
A: 请问您喝点儿什么？

Wǒ yào yì bēi chá. Qǐng kuài yìdiǎnr, wǒ yǒudiǎnr è.
B: 我要一杯茶。请快一点儿，我有点儿饿。

Hǎo de, méi wèntí!
A: 好的，没问题！